_____ 드림

하브루타 놀이 가이드북

하브루타 놀이 가이드북

초판 1쇄 발행 2020년 7월 29일
초판 2쇄 발행 2020년 10월 30일

지은이 질문배움연구소

발행인 장상진
발행처 (주)경향비피
등록번호 제2012-000228호
등록일자 2012년 7월 2일

주소 서울시 영등포구 양평동 2가 37-1번지 동아프라임밸리 507-508호
전화 1644-5613 | 팩스 02) 304-5613

ISBN 978-89-6952-411-9 03370

하브루타
놀이 가이드북

질문과 꿀팁이 있어 바로 따라 할 수 있어요!
사고력 · 표현력 · 창의력 UP

질문배움연구소 지음

경향BP

즐겁게 소통하며 함께 성장하는
하브루타 놀이 시간을 선물합니다

"하브루타는 아이와 소통하고 공감하는 시간이다."

처음 하브루타를 경험하고 난 후에 많은 부모들이 표현하는 말 중의 하나입니다. 직접 하브루타를 온몸으로 경험해 본 후이기에 핵심이 담겼습니다.

"하브루타는 사고력과 의사소통능력을 기르는 시간이다."

2시간 내내 하브루타하며, 생각하고, 그 생각을 말로 표현하고, 다른 이의 생각을 듣고, 말하는 과정에서 사고력과 표현력, 경청능력이 길러진다는 후기의 한 문장입니다. 직접 하브루타를 경험한 부모들의 진솔한 후기를 듣노라면, 금세 하브루타를 일상에서 잘 실천할 수 있으리라는 믿음이 솟습니다.

그러나 그런 부모들에게 저는 덧붙입니다. 아이와 소통하고 공감하는 방법은 '하브루타'로만 가능하지 않습니다. 아이의 사고력을 키우고, 의사소통능력을 키우는 방법 역시 '하브루타'만 답이 아닙니다. 그렇기에 하브루타가 정답이 아닙니다. 수많은 해답 중 하나입니다.

『하브루타 놀이 가이드북』을 출간하면서 하브루타가 정답이 아니라고 말합니다. 더 나아가 하브루타에 매달리지 말라고도 말하고 싶습니다. 한국에 하브루타가 유행이라고 할 만큼 널리 전파되었습니다. 가정은 물론 다양한 현장에서 하브루타를 위한 하브루타가 생겨나고, 아이들은 "네 생각은 어때?"라는 말에 부담을 느끼고, 여전히 '정답'을 강요하는 하브루타도 많이 진행되고 있습니다.

하브루타에 대한 경계 멘트로 시작하는 이유는 이 책을 정답처럼 여기지 않기를 바라는 간절한 마음 때문입니다. 가이드북은 말 그대로 안내일 뿐입니다. 하브루타를 실천하는 여러 방법 중의 하나일 뿐입니다. 그렇기에 이 책을 쓰기까지는 고민이 많았습니다. 혹시나 고정된 틀이 되지는 않을까? 그동안 부모 세대가 배워 왔던 대로 정답이라는 것에 매여서 더 부담이 되지는 않을까 하는 염려 때문이었습니다. 그럼에도 불구하고 이 책에는 하브루타를 진행하는 '도입, 전개, 마무리' 형식의 안내를 합니다. 이유는 딱 하나입니다. 너무 막막할 때 참고하라는 것입니다.

하나둘 진행해 보면서 스스로에게 질문해야 합니다. 이걸 진행하는 것에 관해 스스로 하브루타하고, 함께하는 아이들과 하브루타해야 합니다. "이렇게 하브루타해 보니까 어떤 점이 좋니? 어떤 점을 개선하면 좋을까? 가장 즐거웠던 점은 어떤 부분이니? 가장 힘들었던 점은 어떤 부분이니?" 그 과정을 통해 우리 가정에 맞는 방법으로 변형하고 응용해야 진짜 하브루타를 하는 것입니다.

이 모든 과정이 소통과 공감, 존중과 배려 안에서 이루어지기를 바랍니다. 특히 재미가 있으면 좋겠습니다. 어려운 주제, 흥미 없던 주제도 과정을 통해 얼마든지 재미있을 수 있는 것이 바로 하브루타의 진정한 힘입니다. 그 재미를 형식에, 행간에 모두 담아낼 수 없었습니다(동영상 북을 만든다면 가능할지도). 존중과 배려 속에서 재미를 놓치지 않기를 바라는 마음에 책 제목에 '놀이'라는 단어를 담았습니다. 놀이하듯 아이와 즐겁게 하브루타를 하며, 아이를 통해 부모가 배우고, 부모를 통해 아이가 배우는, 가족이 함께 성장하는 행복한 시간을 갖기를 간절히 응원합니다.

혹여나 '그게 가능해?'라고 의문을 갖는다면 이 책이 그 증거입니다. 이 책을 직접 기획하고, 진행하고, 아이들의 생각과 엄마들의 생각을 담은 12명의 엄마가 바로 그 증거입니다. 하브루타를 통해 자녀와 함께 행복한 성장을 하고 있는 엄마들이 자녀들과 그리고 동료 엄마들과 하브루타하며 만든 책입니다. 기획도, 진행도, 글쓰기도 함께 질문하고 토론하는 하브루타 과정을 거쳤습니다.

그 과정이 결코 순탄하지만은 않았습니다. 하지만 이 과정이 진짜 하브루타를 삶에서 실천하고 체화하는 과정임을 또 한 번 마주하며, 배우고 성장하는 시간을 보냈고, 드디어 그 결실을 내놓습니다. 그렇기에 이 책에는 모든 페이지마다 12명의 정성과 손길이 녹아 있습니다.

이제 이 책이 여러분에게로 가서 여러분의 가족 구성원들이, 또 함께 하브루타를 실천하는 분들이 우리처럼 재미있게, 행복하게 하브루타하기를 기대합니다. 이 책에 실린 하브루타를 모두 실천하고 나면 여러분만의 하브루타 실천 책이 한 권 탄생할 것입니다. 그리하여 대한민국 곳곳에 질문배움연구소처럼 함성행성(함성: 함께 성장의 줄임말 / 행성: 행복한 성장의 줄임말)이 많아지기를 기대합니다.

여러분만의 행복한 하브루타, 즐거운 하브루타를 응원합니다.

함성행성 질문배움연구소 대표 김혜경

* 대한민국에 하브루타의 씨앗을 뿌리신 고(故) 전성수 교수님께 감사함을 전합니다.

차례

3장 인성 하브루타 가이드

 ## 4장 명화 하브루타 가이드

동화 하브루타 가이드

 역사 하브루타 가이드

7장 체험·놀이 하브루타 가이드

 8장 이런 것도(?) 하브루타 가이드

1장

책의 구성과
활용법

왜 하브루타인가?

"왜 하브루타를 배우려고 하세요?"

하브루타를 배우고자 특강이나 교육을 찾아온 부모들에게 자주 묻는 질문입니다. 그때마다 들려오는 답은 '자녀 교육을 위해서, 자녀와의 소통을 위해서, 자녀의 독서 교육을 위해서' 등이 대부분입니다.

2, 3개월 동안 매주 하브루타를 배우고 익힌 부모들에게도 물었습니다. "하브루타를 배우고 나니 어떤 점이 도움이 되었나요?" 이러한 질문에 대한 답은 좀더 구체적으로 옮겨 보았습니다.

"책을 읽는 순간은 좋지만, 지나고 나면 기억이 나지 않는 것이 늘 고민이었습니다. 하브루타 수업을 통해 책을 더 깊이 이해하고, 생각할 수 있는 방법을 터득한 것 같아 감사합니다. 아이와도 주입식 교육이 아닌 서로 대화하고, 소통할 수 있는 교육을 알려 주어서 감사합니다."

"생각의 호흡을 길게 늘일 수 있어요. 짝과 함께 내 생각을 말하고 들어주는 시간을 오롯이 느낄 수 있어 마음이 기뻐요."

"나도 몰랐던 나에 대해 깨닫는 시간이었습니다. 스스로를 돌아보고 반성할 수 있는 계기도 되었습니다. 아주 오랜만에 알고 싶은 욕구가 막 솟구치는 시간이었습니다."

좀 더 자세한 후기 속에는 '자녀 교육'만이 아니라 '나'를 인식하고 성장시키는 과정과 자신의 사고력, 독서력, 경청과 의사소통능력이 성장되었다는 자기 고백이 더 많습니다. 여기에서 우리는 '하브루타'의 여러 가지 힘과 장점을 한 번에 발견할 수 있습니다.

첫째, 하브루타를 배우고 실천하면 '부모' 자신이 먼저 '성장'한다는 점입니다. 둘째, 부모 자신만이 아니라 자녀의 사고력, 독서력, 의사소통능력을 키우는 '자녀 교육'에도 도움이 된다는 점입니다. 이것은 하브루타, 질문과 토론 교육의 가장 큰 장점이기도 합니다. 교학상장, 즉 가르치고 배우는 과정에서 서로 함께 성장한다는 것을 그대로 실현하는 것이 '하브루타'와 맞닿아 있기 때문입니다.

하브루타란 무엇일까요?

하브루타는 유대인들의 탈무드 공부법, 교육법이자, 넓게는 그들의 사회 전반에 걸쳐 있는 질문과 토론의 문화를 의미합니다. 이러한 공부법이자 문화를 고(故) 전성수 교수는 『부모라면 유대인처럼 하브루타로 교육하라』를 통해 '짝을 지어 질문하고 대화하고 토론하고 논쟁하는 것'으로 우리나라에 소개했습니다. 이를 계기로 현재 한국에는 공교육 현장은 물론 가정과 교회, 사회 전반으로 하브루타가 다양하게 퍼져 나가고 있습니다.

온라인 서점에서 '하브루타'로 검색하면 100여 권의 책이 검색됩니다. 그 중 절반 가까이의 책이 공교육 현장에서 '하브루타'를 적용한 질문수업을 진행하는 교사들의 실천서입니다. 또한 가정에서의 실천서 역시 『하브루타 부모 수업』, 『하브루타 질문 독서법』을 전후로 다양하게 출간되고 있습니다. 매우 반가운 일입니다. 그만큼 많은 이들이 질문과 토론의 하브루타에 관심을 갖고, 실천하고자 애쓴다는 방증입니다.

유대인의 하브루타 vs 한국인의 하브루타

하지만 여기서 우리는 짚어야 할 것이 있습니다. 앞서 설명한 대로 유대인의 탈무드 공부 방법이 하브루타입니다. 탈무드는 무엇일까요? 기존에 한국에 소개된 우화 형식의 탈무드는 유대인들이 읽는 탈무드의 극히 일부분입니다. 유대인들이 하브루타로 공부하는 탈무드는 토라(구약성경)와 짝을 이루는 또 다른 율법서이자 토론서라고도 할 수 있습니다. 여러 세대에 걸친 다양한 해석과 논의들을 담아 놓은 책이므로 혼자서 읽기 어렵습니다. 이처럼 혼자서 읽고 이해하기 어려운 성경과 탈무드, 즉 고전을 읽고 토론하며 논쟁하는 것이 유대인의 하브루타입니다.

실제로 유대인 랍비이자 교육학 박사인 엘리 홀저 교수의 지도하에 '탈무드 원전'으로 하브루타를 경험해 보니, 토론하고 논쟁하기에 더없이 좋은 교재가 탈무드임을 확인할 수 있었습니다. 『랍비가 직접 말하는 탈무드 하브루타』를 번역한 김정완 작가는 유대인의 탈무드 논쟁에 대해서 다음과 같이 말합니다.

"제가 공부한 탈무드 원전은 한마디로 지독한 논쟁이었습니다. 미세한 개념이나 일상에서 흔히 벌어지는 아주 조그마한 사건들을 가지고 머리카락 세듯이 치밀한 논쟁을 벌이는 랍비들의 다양한 의견과 아이디어는 정말 놀라웠습니다."

여기에서의 포인트는 '지독한 논쟁'입니다. 그렇다면 유대인 가정에서의 하브루타는 어떠할까요? 군이 하브루타라는 말을 쓰지 않을 뿐이지, 유대인 가정에서는 자녀에게 "이렇게 생각해야 해."가 아니라 "어떻게 생각하니?"라고 묻는 등 질문과 토론이 일상입니다. 『하브루타란 무엇인가?』의 공동저자인 오릿 켄트 교수는 어린 시절 가정에서 할머니로부터 "토라를 이해하기 위해서는 반드시 다른 사람과의 대화를 통해 질문에 대한 다양한 시각을 배워야 한다."는 것을 배웠다고 고백합니다.

이러한 유대인의 하브루타를 연구한 전성수 교수는 그들이 하브루타를 하는 형태, 즉 일대일로 짝을 이루어 하는 외적인 형태와 좋은 질문에서 시작되는 다양한 토론과 논쟁을 한데 엮어 한 줄로 정의했습니다. '짝을 지어 질문하고, 대화하고, 토론하고, 논쟁하는 것', 여기에서 한국식 하브루타가 출발합니다.

더 나은 하브루타를 위한 질문

그렇다면 질문과 토론의 문화가 거의 없는 한국에서 어떻게 하면 질문과 토론의 하브루타를 활발하게 할 수 있을까요? 이 질문이 중요합니다. 문화가 다르니 접근 방식도 달라야 합니다. 유대인 문화 속에서 성장하고, 학교에서나 예시바 대학에서 하브루타를 직접 경험한 엘리 홀저 교수나 오릿 켄트 교수는 그럼에도 불구하고 '가장 이상적인 하브루타 학습은 어떤 것인가?'라는 질문에 매달렸습니다. 그 결과, 『하브루타란 무엇인가?』 책으로 철학적 해석학과 교수학습이론에 근거한 하브루타 학습 모델을 제시했습니다.

우리 역시 질문해야 합니다. '왜 하브루타를 해야 하는가?'라는 원론적인 질문부터, '질문과 토론의 경험이 없는 교사나 부모가 어떻게 해야 하브루타를 잘할 수 있을까? 질문과 토론에 익숙하지 않은 자녀들의 말문을 열고, 질문과 친해지게 하려면 어떻게 해야 할까?' 등의 방법론적인 질문을 통해 하나씩 해답을 찾아가며, 수정 보완해야 합니다. 특히 왜 하브루타를 실천하려고 하는지에 대한 굳건한 자신만의 철학과 목적이 있어야 도전과 실패를 반복하며 자기 것으로 만들어 갈 힘을 가집니다.

이 책에서 말하고 실천하는 하브루타 가이드는 다분히 한국식입니다. 질문에 익숙하지 않은 우리이기에, 질문 만드는 것부터 시작해 질문을 공유하고 다듬으며 질문력을 키우는 것부터가 시작입니다. 그리고 말문을 열기 쉽도록, 질문과 대화가 쉬워지도록 교실에서는 구조를 바꿔 주는 것, 가정에서는 안전지대를 만드는 것 등이 기본적인 환경 구성이 될 수 있습니다. 이러한 출발점에서 더 좋은 방법과 아이디어를 보태어 우리만의 질문과 토론의 하브루타 교육, 문화를 만들어 가면 좋겠습니다.

왜 하브루타를 해야 하는가?

왜 하브루타를 하려고 하나요? 이 책을 선택한 이유가 무엇인가요? 저는 하브루타가, 질문과 토론이, 나에게는 물론이고 제 아이들, 우리 사회의 구성원들이 더불어 살아가는 삶은 물론 자기주도적인 삶을 살아가기 위해서 필수라고 생각합니다. N. H. 클라인바움의 『죽은 시인의 사회』에서 키팅 선생은 학생들에게 아이비리그 진학보다 '스스로 생각하고, 주체적으로 판단하고, 그에 따라 자신있게 행동하고 말하는 것'이 아름답고 소중하다고 가르칩니다. 그래서 자기 자신의 말과 행동, 스스로 내린 판단과 결정을 사랑하는 사람이 되어야 한다고 말합니다. 이를 위해 수동적으로 지식을 수용하는 것이 아니라 스스로 질문하고, 사고하고, 토론하는 것은 당연히 필요한 과정입니다.

같은 뜻을 다르게도 설명할 수 있습니다. 하브루타는 21세기 인공지능의 시대에 우리 아이들에게 필요한 능력, 즉 4C(비판적 사고력, 의사소통능력, 협업능력, 창의력)를 길러줍니다. 이 능력은 주입식 교육으로는 절대 길러지지 않습니다. 타인과 함께 스스로 질문하고 토론해야 길러지는 것입니다. 짝과 함께 질문과 대화, 토론을 하면서 4C를 기를 수 있습니다. 또한 더 좋은 짝이 되기 위해 노력하면 함께 성장하는 지름길이 됩니다. 하브루타는 미래 역량을 키우는 최고의 학습법이자 토론 방법입니다.

미국의 사상가이자 수필가인 랄프 왈도 에머슨의 "누군가를 진심으로 도우면 반드시 나 자신이 도움을 받는다."는 것이 하브루타 과정에서 그대로 실현됩니다. 이것은 에머슨의 말 그대로 삶의 아름다운 보상 중 하나인 동시에 '함께 성장'의 방법입니다.

정답 없는 세상, 급변하는 세상을 살아가는 방법

단순히 4C 능력만 기르는 것이 하브루타가 아닙니다. 스스로 질문하고, 사유하며 토론하는 과정은 철학하는 것과 다르지 않습니다. 그동안 수동적으로 책을 읽기만 하거나, 수용만 해 온 것과는 반대로 하브루타를 통해 스스로 질문하며, 사고하며, 사유하는 삶을 살아갑니다. 텍스트를 매개로 하여 자신의 삶과 행동에 대해 스스로 질문하고 성찰하는 시간을 갖습니다. 이것은 타인과의 대화, 토론까지 이어져 자신의 가치관을 재정립하며 보다 좋은 성품을 가진, 더 나은 인간이 되는 데 도움이 됩니다. 이러한 과정이 인문학이고 철학하는 과정이라고 생각합니다.

'아이들을 위한 노스웨스트철학센터'의 제나 모어 론 센터장은 『그림책 읽어 주는 엄마, 철학하는 아이』를 통해 정답이 없는 세상에서 내 아이를 안심시키는 방법으로 '철학'을 제시합니다. 동시에 아이의 철학하는 자아를 키우기 위해서 우리 삶의 근본 물음에 대해 질문하고, 답을 찾고, 그 답에 머무르지 않고, 새로운 의문을 품고 질문하는 능력을 키워야 한다고 말합니다. 그리고 이러한 과정에서 아이와 머리를 맞대고, 아이의 질문에 귀를 기울이고, 솔직하게, 자유롭게 함께 탐구하라고 조언합니다. 바로 이 과정이 하브루타와 일맥상통합니다.

대한민국에서 학교를 다니며, 삶에 대해 스스로 질문하고, 성찰하며, 친구들과 혹은 부모와 토론한 기억이 얼마나 있나요? 우리에게는 그러한 시간이 거의 없었습니다. 지금 우리 자녀들도 별반 다르지 않습니다. 그런데 우리 아이들이 살아갈 세상은 우리가 살아온 세상과는 너무 다릅니다. 우리는 아이들에게 단 하나의 정답을 제시할 수도 없고, 해법을 제시할 수도 없습니다. 우리가 아이들에게 줄 수 있는 가장 강력한 무기는 스스로 생각하고, 질문하고, 좋은 답을 찾아내는 힘입니다. 이를 통해 세상을 이해하고, 그 안에서 자신의 삶의 의미를 찾고, 자기 주도적인 삶을 살아갈 수 있도록 도와주어야 합니다.

이처럼 자녀와 하브루타하는 시간은 철학적인 탐구를 하는 시간이기도 합니다. 때로는 두려움과 용기에 대해, 때로는 지식과 지혜에 대해, 때로는 이기심과 이타심에 대해, 때로는 자신감과 자존감·아름다움·우정·사랑·자유·행복 등에 대해 질문하고 이야기하는 시간입니다. 이 시간은 부모와 자녀, 서로에게 행복한 성장의 시간이 됩니다. 우리가 자녀와 함께 하브루타해야 하는 가장 큰 이유입니다.

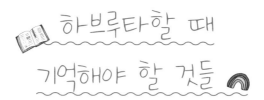

짝을 지어 질문하고 대화하고 토론하고 논쟁하는 하브루타를 하기 위해서는 하브루타의 핵심 개념을 명확하게 파악하고, 이 개념을 어떻게 적용할 것인지를 스스로 더 고민하고 발전시키기를 희망합니다.

하브루타의 구조 - 일대일 짝대화를 기반으로

어떨 때 대화가 순조롭게 이루어지나요? 여러 명이 모여 앉았을 때? 아니면 누군가와 단둘이서 대화할 때? 아마도 후자일 것입니다. 단둘이 있을 때는 한 명이 말하고, 한 명이 듣는 대화의 구조가 명확해집니다. 바로 이 구조가 하브루타의 일대일(1:1) 짝대화의 전형적인 모습입니다.

기존의 토론 수업이나 가족회의에서 우리는 주로 4인 모둠, 6인 모둠의 구조를 유지해 왔습니다. 그러나 하브루타는 1:1 짝대화 구조일 때 가장 활성화됩니다. 유대인이 1:1로 하브루타를 하는 이유는 말을 가장 많이 할 수 있는 구조이기 때문입니다. '말'은 생각 없이 할 수 없습니다. 그러므로 가장 많은 생각을 주고받을 수 있는 구조가 1:1입니다. 이 밖에도 1:1 짝대화의 장점은 다양합니다. 실제로 현장에서 1:1로 하브루타를 경험하게 한 후에 짝대화의 장점을 함께 찾아보면 다음과 같습니다.

① 첫 대화를 시작할 때 부담이 덜하다.
② 말하거나 듣거나 두 가지 중 하나는 꼭 해야 한다.
③ 반드시 참여해야 하므로 방관자가 될 수 없다.
④ 들어줄 사람이 나밖에 없으므로 더 경청하게 된다.
⑤ 상대방이 내 말을 경청해 주어 존중받는 느낌이 든다.
⑥ 짧은 시간에도 많은 말을 주고받을 수 있다.
⑦ 기다리는 시간이 짧아 지루하지 않다.
⑧ 눈을 마주 보고 대화하므로 상대방의 감정 변화도 느낄 수 있어 짝과 친해진다.

이러한 장점이 많음에도 불구하고 처음 짝대화는 어려울 수도 있습니다. 왜냐하면 관계의 신뢰도, 친밀도가 어떠하냐에 따라 달라질 수 있기 때문입니다. 우리는 누구나 좋아하는 사람과 대화하고 싶어 합니다. 자칫 다투기라도 하면 제일 먼저 대화를 멈춥니다. 가정에서 부모와 자녀의 관계가 망가졌다면 질문과 대화는 불가능할 수도 있습니다. 그러므로 질문과 대화를 가정에서 하고 싶다면 부모와 자녀 사이, 부부 사이를 점검하고, 대화를 위한 기본 신뢰 관계를 구축해야 합니다. 하브루타는 짝과의 관계가 형성되어야 더 잘 이루어지고, 거꾸로 하브루타를 통해 '관계'를 만들어 갈 수 있습니다.

짝과의 신뢰, 존중 관계를 기반으로 하브루타를 진행할 때 '집단 지성'의 힘과 서로가 서로를 돕는 협력 시스템이 가동됩니다. 실제로 학생들은 짝대화를 하고 난 후에 짝과 더 친해졌다고 말합니다. 가정에서도 일상의 소소한 대화를 통해 더 사이좋은 가족, 유대감이 깊은 가족, 행복한 가족이 될 수 있습니다.

그러므로 하브루타를 진행하면서 짝에 대한 존중, 나의 이야기를 들어 주는 짝에 대한 감사, 존재 자체에 대한 감사가 바탕에 깔려야 합니다. 또한 대화 시 각자의 특징이나 어려움을 조율하고, 서로 도와줄 방법을 사전에 의논한 후에 짝대화를 진행하면 한결 수월하게, 효과적으로 하브루타를 진행할 수 있습니다. 그럴 때 하브루타는 이미 절반의 성공이라고 할 수 있습니다.

그렇다면 1:1 짝대화의 효과를 그대로 가져가면서 모둠토론의 장점까지 흡수하려면 어떻게 하면 될까요? 1:1 짝을 바꿔 주는 짝이동을 진행하면 됩니다. 짝이동 학습과 대화는 교실에서는 물론 가정에서도 적용할 수 있습니다.

가정에서의 경우, '엄마-아빠, 첫째-둘

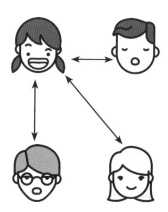

째' 짝대화 후에 '엄마-첫째, 아빠-둘째', 다시 바꿔서 '엄마-둘째, 아빠-첫째'로 짝대화를 하면 4인 가족 구성원 모두를 한 번씩 만나 이야기를 나눌 수 있습니다. 이렇게 짝이동하면서 3명과 대화한다면 어떤 일이 일어날까요? 같은 말을 3명에게 반복해서 설명하고, 앞의 짝에게서 들은 좋은 답은 나의 답에 융합시키기도 합니다. 이 과정에서 듣기, 말하기가 얼마나 성장할까요? 듣고 말하는 대화를 쉴 새 없이 연습할 수 있습니다. 모둠토론에서처럼 여러 명의 이야기를 듣느라 내 차례를 기다리는 지루함이 없습니다. 게다가 자녀들의 경우는 엄마랑만 단둘이 대화하고, 아빠랑만 단둘이 대화하는 행복한 경험이 추가됩니다. 일석다조의 1:1 하브루타 구조입니다.

하브루타의 출발점 - 자신만의 질문력 키우기

한국식 하브루타에서 또 하나 챙겨야 할 것이 '질문'입니다. 제가 처음 하브루타를 배우고 나서 가장 먼저 반성한 지점은 '질문권'이었습니다. 하브루타를 만나기 전부터 아이들과 질문하고 이야기하는 수업을 하고 있었지만, '질문권'은 주로 제가 가지고 있었다는 것을 깨달았습니다. 학교를 다니는 동안에는 학생으로서 질문을 주로 '받는' 입장이었고, '위의 글을 읽고 다음 질문에 답하시오.'에 익숙했기에 '질문'보다는 '답'에 더 익숙했습니다. 그러다 보니 가르치는 교사, 부모의 입장이 되어서도 제가 배웠던 대로 상대에게 의도를 가진 질문을 하는 것이 훨씬 비중이 높았던 것입니다. 그런데 하브루타를 배우면서 제가 직접 질문을 만들고 짝과 공유하는 경험을 하며 '스스로 질문'한다는 것의 의미와 효과가 제 머릿속을 울렸습니다.

- 스스로 질문을 한다는 것은 어떤 의미가 있는가?
- 나는 어떤 경우에 스스로 질문을 하는가?
- 질문을 하는 삶과 답을 하는 삶은 어떻게 다른가?
- 배움의 욕구는 질문을 할 때 일어나는가? 받을 때 더 많이 일어나는가?
- 배움 주제에 맞는 질문에 답만 하는 것과 스스로 질문을 하는 것의 차이는 무엇인가?
- 책을 읽고 논제에 맞추어 찬반토론을 하는 것과 스스로 질문을 하는 것에서 출발하는 토론은 어떤 차이가 있을까?

하브루타는 이렇게 스스로 질문하는 것이 출발점입니다. 이 질문 끝에 저는 하브루타를 택했습니다. 이처럼 스스로 질문하는 것이 쉬울까요? 어려울까요? 매번 현장에서 어린이부터 어른까지 하브루타 수업을 해 보면 '스스로 질문'을 어려워합니다. 당연한 일입니다. 경험해 보지 않은 과정이기 때문입니다. 그렇다면 이 질문과 친해지는 방법은 무엇이 있을까요? 해 보지 않아서 어려우면, 해 보면 점점 쉬워질 것입니다. '연습'이 답입니다. 열심히 질문을 연습하다 보면, 질문을 꺼내기도 쉬워지고, 더 좋은 질문을 꺼내는 성장으로 나아갑니다.

어렸을 때부터 자연스럽게 질문하고 이야기하는 문화 속에서 성장한 유대인들에게는 질문을 연습하는 것이 우리만큼 필요하지 않을지도 모릅니다. 그럼에도 tvN 인사이트 특별기획 다큐 「질문으로 자라는 아이」(2019)에 소개된 유대인 학생은 학교에서 질문을 연습한다고 인터뷰에서 말합니다.

같은 다큐멘터리에서 미국 초등학교에서도 책을 읽은 후 스스로 질문을 만드는 질문 교육에 대해 나옵니다. 그만큼 스스로 질문하는 것이 중요합니다.

이런 이유로 우리의 하브루타는 '질문 만들기' 연습이 필요합니다. 누군가에게 '질문'을 받아서 정해진 '답'만 찾는 연습을 해 오던 부모와 자녀, 교사와 학생 모두가 '좋은 질문'을 만드는 연습이 필요합니다. 이 질문을 연습하는 방법은 스스로 해당 주제에 대해 열심히 질문을 고민하고 만드는 것입니다. 질문을 만드는 방법은 혼자서도 가능하고, 짝과 함께 이야기를 주고받으면서도 가능합니다. 또한 자신만의 질문을 짝과 공유하는 '질문 공유'가 필수입니다. 하브루타를 할 때마다 가장 짜릿한 순간 중 하나입니다. 나의 질문과는 사뭇 다른 짝의 질문을 만날 때 일순간에 사고의 확장이 일어나고, 감탄과 경이로움을 느끼는 경우가 많습니다. 이를 통해 절반의 토론 효과까지 저절로 얻습니다. 우리가 토론을 통해 얻을 수 있는 가장 큰 장점, 관점의 다양화가 '질문 공유'만으로도 이루어지기 때문입니다.

질문과 토론의 하브루타 교육과 문화가 우리 가정에, 교육에 자리 잡기 위한 가장 중요한 포인트 '짝, 질문' 두 가지로 한국에 널리 퍼져 있는 하브루타를 다시 점검해 보았습니다. 이러한 개념을 출발점으로 하기에 이 책의 대화와 토론은 짝대화가 기본입니다. 그리고 모든 과정에서 '스스로 질문'을 만듭니다.

하브루타의 핵심

✓ 짝
✓ 질문

물리적 안전지대 만들기

각자가 만든 질문을 중심으로 대화와 토론, 논쟁으로까지 나아갈 때 가장 중요한 것은 무엇일까요? 질문과 토론을 자유롭게 즐기듯 하기 위해서는 질문과 토론의 물리적, 심리적 안전지대를 만들어야 합니다.

물리적 안전지대라 함은 '시간'을 말합니다. 서로 얼굴을 마주하고 이야기를 나누려면 시간이 있어야 합니다. 이 시간은 30분, 1시간과 같이 일정한 물리적 시간만을 의미하는 것이 아닙니다. 이야기를 나눌 물리적 시간이 확보되었다 하더라도 심리적 시간이 확보되지 않으면 대화와 토론은 제대로 이루어질 수 없습니다.

심리적 시간은 질문과 대화에 집중할 수 있는 마음의 여유와도 같습니다. 이것은 물리적 시간보다 더 중요하고 예민한 부분입니다. 심리적 시간이 확보되지 않으면 부모와 자녀 모두에게 하브루타 시간은 '공부'나 '일'처럼 여겨질 수도 있습니다. 빡빡한 스케줄의 빈틈에 하브루타를 끼워 넣는 것은 심리적 시간에 대한 고려가 전혀 없는 것입니다. 하브루타는 생각하고 말하는 활동이기에 수동적으로는 참여가 불가능합니다. 같은 맥락으로 에너지가 많이 소요되는 과정입니다. 그렇기에 심리적인 여유가 없으면 그 과정에 몰입할 수도, 제대로 된 참여를 할 수도 없습니다. 스케줄이 많아 시간적·마음적 여유가 없다면 힘든 일이 됩니다. 거꾸로 심리적 여유가 충분하다면 때와 장소에 상관없이 질문과 토론은 더 쉬워집니다. 그러므로 하브루타를 선택하고자 한다면 실천의 이유와 목표를 정확하게 갖고, 나와 아이들의 물리적·심리적 시간을 확보해야 합니다.

심리적 안전지대 만들기

물리적 안전지대를 갖추었다면 심리적 안전지대는 어떻게 갖추어야 할까요? 심리적 안전지대라 함은 추궁이나 질타를 받지 않고, 자유롭게 생각하고, 말하고, 행동할 수 있는 것을 말합니다. 이를 위해서는 수평적 관계가 형성되어야 합니다. 수직적 관계에서는 질문과 토론이 자유로울 수 없습니다. 우리는 수평적이지 못한 관계에서 자유롭게 토론하는 것이 불가능하다는 것을 숱하게 겪어 왔습니다. 회사에서 권위주의적인 직장 상사와의 대화와 토론은 불가능합니다. 그렇기에 가정 안에서 자녀와 함께 질문과 토론을 하려면, 적어도 대화 테이블에 앉았을 때만이라도 수평적 구조여야 합니다.

수평적 관계를 형성하려면 가르침을 내려놓고, 자녀의 질문과 답을 재단하거나 평가하지 말아야 합니다. 자녀들의 어떠한 질문과 대답도 수용해야 합니다. 만약 부모가 자녀의 질문과 답에 평가를 한다면 아이들은 자유롭게 말할 수 없습니다. 오히려 아이들의 엉뚱한 질문에 더 집중해 보세요. 그 질문을 한 이유가 무엇인지 마음을 열고, 귀를 기울이고, 답을 진지하게 들어주세요. 그 순간, 아이 내면의 새로운 이야기를 만나게 됩니다. 그렇게 마음이 열리면 생각도 열리고, 우리의 대화와 토론은 서로를 이해하고 공감하며 성장하는 통로가 됩니다.

하브루타 시간은 평소에는 인식하지 않았던 것들, 깊게 생각해 보지 않고 스쳤던 것들에 대해 자유롭게 질문하고, 다양한 해답, 더 좋은 해답을 찾아가는 과정입니다. 가르침을 내려놓고, 자녀의 질문과 답을 존중하며, 더 나은 답을 함께 찾는 안내자, 탐구자의 역할을 함께하는 부모가 되면 좋겠습니다. 그 과정은 분명 즐거운 경험이고, 추억을 만들어 가는 시간이 됩니다.

대화와 토론의 장을 활짝 펼쳐 주세요. 그리고 그 안에서 자유롭게 사고하고 성장하는 아이와 함께 철학적 탐구와 인문학적 소양을 키워 가는 행복한 하브루타 시간을 즐기기를 응원합니다.

하브루타의 심도를 높이는 질문력 키우기

앞서 하브루타는 스스로의 질문에서 출발한다고 강조했습니다. 우리는 질문과 토론의 교육과 문화에 익숙하지 않기에 질문력을 키우기 위한 연습이 필요합니다. 그렇다면 '질문'은 무엇일까요? 국어사전에는 질문을 '알고자 하는 바를 얻기 위한 물음'이라고 정의합니다. '알고자 하는' 것은 능동태입니다. 유아들이 세상에 대해 알고자 수많은 물음을 던지는 호기심과 탐구심, 그것이 질문의 바탕입니다. 인류의 사상과 철학은 수많은 질문과 답의 반복으로 발전해 왔습니다. 개인의 삶 또한 그 질문과 답의 연속선상에 놓여 있습니다. 그러므로 우리는 스스로 질문할 수 있어야 합니다. '사는 대로 생각하느냐, 생각하는 대로 사느냐'의 말은 '질문하지 않고 사느냐, 질문하며 사느냐'와 같은 말입니다. 하브루타를 하면 질문과 친해지고 익숙해집니다.

질문의 분류

질문은 크게 열린 질문과 닫힌 질문으로 분류합니다. 닫힌 질문은 단답형의 단순한 답, 하나의 정답을 찾는 질문을 말합니다. 반대로 열린 질문은 여러 가지 다양한 답을 가진 질문을 말합니다. 여러 가지 답을 찾아야 하니 그만큼 많은 생각을 해야 답을 찾을 수 있는 질문입니다. 하브루타에서는 열린 질문을 하고자 노력합니다.

3단계 질문

질문은 '내용 이해 질문, 심화(상상) 질문, 적용(실천) 질문'으로 3단계로 구분하기도 합니다.

내용 이해 질문은 답이 정해져 있거나 글 속에서 답을 찾을 수 있는 질문입니다. 단어의 뜻을 묻는 질문도 포함됩니다. 단어의 뜻은 국어사전 속에 답이 있고, 그 단어를 이해해야 내용을 제대로 이해할 수 있기 때문입니다. 이처럼 내용 이해 질문은 내용을 정확하게 이해하는 데 필요한 질문입니다.

심화(상상) 질문은 등장인물의 말과 행동을 바탕으로 주인공을 이해하기 위한 질문이나 문장의 뜻을 파악해 숨어 있는 의미를 유추하는 질문입니다. 텍스트를 기반으로 하여 다양한 추론을 통해 답을 찾을 수 있는 질문입니다. 내용 이해 질문보다는 심도가 깊고, 답이 여러 가지인 열린 질문입니다.

적용(실천) 질문은 텍스트를 매개로 나와 우리의 삶에 적용하여 자신의 삶을 성찰하거나 실천과 연결되는 질문입니다.

5단계 질문

또 다른 질문 분류법으로는 스탠포드 대학교 폴 킴 교수의 '가치 있는 질문을 위한 5단계 질문'이 있습니다.

1단계는 단순 암기식으로 답이 하나로 정해져 있습니다. 2단계는 명확한 답이 있지만, 약간의 토론이 가능하며, 여러 가지 정보를 생각하게 합니다. 3단계는 비교, 분석, 분류, 패턴을 인식할 수 있고, 창의력과 암기력이 약간은 필요한 질문입니다. 4단계는 본인의 열린 생각과 종합적인 생각을 요구합니다. 5단계는 상상력과 창의력이 요구되며, 새로운 이론이나 개념을 창출하고, 융합적인 사고가 필요한 질문입니다.

'한글'에 대해 초등 5학년 아이와 함께 폴 킴 교수의 5단계 질문을 만들어 보았습니다.

1단계 : 한글은 누가 만들었을까?

2단계 : 한글의 모음과 자음의 모양은 어떻게 만들어졌을까?

3단계 : 한글과 영어의 공통점과 차이점은 무엇인가?

4단계 : 한글 창제를 반대한 신하들의 의견에 대해 어떻게 생각하는가?

5단계 : 줄임말과 신조어로 인한 세대 간의 언어 차이를 극복하기 위한 방법은 무엇인가?

단계별 질문의 개념을 확인해 가며, 아이와 질문을 궁리하는 과정은 그 자체로 사고하고 토론하는 과정이었습니다. 5년 이상 하브루타로 질문과 친해진 아이는 "조건을 제시하고 질문을 만드니까 조금 더 좋은 질문을 만들 수 있다."라고 말합니다. 하지만 결코 쉽지 않은 과정입니다.

그래서 저는 자유롭게 만든 질문을 분류한 후 추가하는 과정을 통해 질문의 심도를 높여 가는 연습 과정을 선호합니다. 물론 개인의 성향에 따라 다를 수 있습니다. 하지만 어려움에 맞닥뜨리면 누구나 포기하거나 하기 싫어질 확률이 높습니다. 그래서 시작은 자유롭게 질문 만들기를 추천합니다. 자유롭게 만든 질문을 짝과 함께 공유하며 앞서 말한 질문의 종류대로 분류하고, 별점도 매겨 보며, 좋은 질문을 가려내고 추가하는 연습을 권합니다. 또한 그 과정이 어렵지 않고 '놀이'처럼 재미있으면서도 '의미'와 '효과'가 있으면 좋겠습니다. 다음은 질문의 재미와 효과를 한꺼번에 잡는 방법입니다.

질문과 친해지는 질문놀이 삼총사

철학적 탐구 공동체의 아주 기본적인 질문놀이를 변형하여 만든 '질문놀이 삼총사─까바놀이, 까만놀이, 까주놀이'를 소개합니다. 이 질문놀이는 하브루타를 하는 과정 중 질문을 만들 때도 활용할 수 있지만, 일상 속에서도 질문과 친해지기 위해 언제든지 활용할 수 있습니다. 특히 가정에서, 일상에서 자연스럽게 많이 활용할수록 질문과 더 친해질 수 있습니다. 질문놀이 삼총사를 교육 현장에 적용한 구체적 방법과 사례는 양경윤 교사의 『하브루타 질문 수업에 다시 질문하다』와 유튜브 '하감미소채널'을 참고하면 됩니다.

언제, 어디서나 자유롭게 할 수 있는 질문놀이 삼총사의 효과를 더 높이려면, 일대일 짝구조에서 진행하기를 추천합니다. 이를 통해 짝과의 상호작용 능력과 질문 친화력까지 한꺼번에 높일 수 있습니다. 또 하나, '놀이'처럼 더 즐겁고 재미있게 진행하기 위해 다양한 규칙을 만들거나 응용할수록 더 재미있고 효과가 높아진다는 점을 기억하면 좋겠습니다. '어떻게 하면 더 재미있게 할 수 있을까?'를 아이와 함께 고민해서 아이의 의견을 최대한 적용, 변형한다면 더 '재미'있고 효과도 높아질 것입니다.

까바놀이 - 짝의 문장 끝 부분을 '까'로 바꾸기

까바놀이는 짝이 '~합니다'라고 말한 문장을 잘 듣고, 토씨 하나 바꾸지 않고 그대로 복사하여 말하되, 끝만 '~합니까?'로 바꾸는 놀이입니다. 예를 들면, '하늘이 파랗습니다'라고 짝이 말하면, '하늘이 파랗습니까?'라고 바꾸는 것입니다.

그렇다면 까바놀이는 언제, 어떻게 활용해 볼까요? 잠자기 전 침대에 누워, 혹은 유치원이나 학교를 다녀온 뒤에, 하루 동안 있었던 일을 한 문장씩 말하면서 까바놀이를 해 보세요. 질문과 친해지는 동시에 하루 동안 어떤 일이 있었고, 어떤 감정을 느꼈는지도 알 수 있습니다.

책을 읽을 때 책 속 문장을 한 문장씩 '까'로 바꾸어 보면, 내용에 대한 궁금증이 더 생겨납니다. 동요를 부를 때 노랫말의 끝을 '까'로 바꾸어도 되고, '그림'이나 풀꽃, 상황을 관찰하며 까바놀이를 해도 좋습니다.

그중에서도 강력 추천하는 것은 그림책을 읽을 때 표지로 까바놀이를 하는 것입니다. 물론 저학년용 단행본 책 표지도 충분히 가능합니다. 직접 해 보면 어떤 효과가 있는지 단번에 느낄 수 있습니다. 함께 읽을 그림책이나 동화책의 표지와 제목을 짝과 함께 살펴보며, 한 명이 보이는 그대로 문장을 말하면, 짝은 그 문장을 그대로 말하면서 마지막 끝부분을 '까'로 바꿉니다.

지금, 주변에 있는 그림책으로 아이와 함께해 보면 다음과 같은 효과를 경험할 수 있습니다. 까바놀이의 더 많은 효과는 직접 경험하면서 느껴보기를 추천합니다.

① 짝의 말을 그대로 복사해야 하기 때문에 잘 듣게 됩니다.

② 자세하게 관찰하는 힘이 길러집니다.

③ 내가 관찰한 것을 문장으로 만들고, 짝이 만든 문장을 반복해서 표현하면서 어휘력, 문장력, 표현력이 길러집니다.

④ 내가 보고 느낀 것과는 다른 관점을 가진 짝의 표현에서 다양한 관점을 익힙니다.

⑤ 다양한 관점을 익히는 가운데 합리적 의심과 호기심이 생깁니다.

⑥ 질문이랑 친해집니다.

까만놀이 - 한 가지 주제에 대해 '~까'의 형태로 질문만 하기

까만은 하나의 '주제'에 대해 '~까?'의 형태로 질문을 만드는 활동입니다. 정해진 주제에 대해 다양한 질문을 할 수 있습니다. 이때 답은 하지 않아도 됩니다. 답에 대한 부담을 덜어내면, 아이들은 더 즐겁게 참여합니다.

예를 들어 '집'에 대한 질문을 해 봅시다.

- 어떤 집에서 살고 싶습니까?

- 가장 아름다운 집은 어떤 집일까요?

- 지금 살고 있는 집은 어떤 점이 가장 마음에 드나요?

- 우리 집에 이름을 붙여 준다면?

- '집' 하면 가장 먼저 떠오르는 단어는?

- '집' 하면 가장 먼저 생각나는 사람은?

- 우리나라의 아파트는 전부 몇 채일까?

- 지금까지 살았던 집 중에 가장 기억에 남는 집은?

- 만약에 집을 짓는다면 무엇에 가장 비중을 둘까요?

까만놀이의 장점은 한 가지 주제에 대해 많은 질문을 만들기 때문에 다양한 관점으로 생각하고 바라볼 수 있습니다. 또한 짝과 함께 만들거나 짝이동을 하면서 진행하면 자연스레 협력학습이 이루어집니다. 혼자 만드는 것보다 더 재미있습니다.

까주놀이와 꼬질꼬질놀이 - '~까'로 질문과 대답을 주고받는 놀이

'까주'는 까 주고받기 놀이입니다. '~까?'로 끝나는 질문과 대답을 인터뷰하듯이 주고받는 것입니다. 앞서 까바놀이와 까만놀이에서 만든 질문을 활용해도 좋고, 각자 질문을 만들어 그 질문으로 서로에게 질문하고 답하는 인터뷰 놀이를 하면 됩니다.

'까만놀이'에서 만든 질문으로 까주놀이를 한다면 다음과 같습니다.

A 어떤 집에서 살고 싶습니까?

B 한옥입니다.

A '집' 하면 가장 먼저 떠오르는 사람은?

B 엄마입니다.

이렇게 인터뷰 하듯이 자신이 만든 질문을 짝에게 주고, 답을 받는 형식이 바로 꺼주놀이입니다. A가 만든 질문이 끝나면 입장을 바꿔 B가 A에게 질문을 합니다.

'까주놀이'는 '꼬질꼬질놀이'와 만나야 더 깊어지고 효과가 증대합니다. 꼬질꼬질놀이란 꼬리에 꼬리를 무는 질문놀이라는 뜻입니다. 까주놀이는 질문하고 답하는 단답형이라면, 꼬질꼬질은 짝의 답을 들은 후 그 답의 한 부분의 꼬리를 잡아서 다시 질문하는 형태입니다. 꼬리에 꼬리를 물어서 이어 가기 때문에 질문과 답이 계속 이어집니다. 이를 위해서는 당연히 짝의 대답을 귀기울여 듣고, 말의 의미까지 잘 파악해야 합니다. 그러므로 대화가 깊이 있게 발전할 수 있으며, 경청과 질문을 동시에 연습할 수 있습니다.

예를 들면, 다음과 같습니다.

A 어떤 집에서 살고 싶습니까?

B 한옥입니다.

A 한옥을 좋아하게 된 계기가 있습니까?

B 한옥스테이를 해 보니 참 좋더라고요.

A 한옥스테이를 할 때 가장 좋았던 점은 무엇인가요?

B 문을 열어 놓았을 때 그 문틀이 액자가 되고, 바깥풍경이 너무 예뻐서요.

위의 질문놀이 삼총사는 가정에서도, 일상에서도, 교실에서도, 독서에서도 재미있고 유용하게 활용할 수 있습니다. 아이들의 관심사를 주제 삼아 시작하면 더 좋습니다. 이 책의 다양한 하브루타 코너에서도 적재적소에 배치하였으니 재미와 더불어 의미와 효과를 함께 경험하는 기회가 되기를 바랍니다.

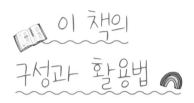

처음 하브루타를 하려고 마음먹었을 때가 떠오릅니다. 그때의 막막함이
란! '무엇'으로 하브루타를 하면 더 재미있을까? '어떻게' 진행하면 매끄럽
게, 아쉬움 없이 진행이 될까? '마무리'는 어떻게 해야 하지? 이야기만 나누
면 끝인가? 이런 막막함이 꼬리에 꼬리를 물었습니다. 그중에서도 가장 높
은 문턱이 '무엇'으로 하브루타를 할지 결정하는 것이었습니다. 지금은 처음
보다는 한결 수월합니다. 하지만 언제나 '무엇'을 결정하는 것이 가장 오래
걸립니다. 왜냐하면 모든 것이 하브루타 소재가 되지만, 하브루타를 하기에
더 좋은 '무엇'은 있기 때문입니다. 좋은 하브루타 소재, 주제를 선택하면 절
반의 성공을 안은 채 출발하기도 합니다.

이 책에서는 '무엇'에 대한 고민을 해소하고자 총 21개의 하브루타 소재를 골라 수록했습니다. '그림책, 인성, 명화, 동화, 역사, 체험·놀이, 이런 것도'까지 총 7개의 영역으로 나누어 각 영역별 3개씩의 하브루타 소재를 준비했습니다. 각 영역별 하브루타 가이드와 각각의 소재별 하브루타 선정 이유와 방법, 해시태그, 하브루타 에피소드 및 참고 질문, 추가 활동 아이디어, 연계도서 및 참고사항을 꼼꼼히 담았습니다.

영역별 하브루타 가이드 및 실천 에세이

영역별 하브루타 가이드와 실천 에세이는 12명의 저자가 함께 맡아 보편적인 방법을 가이드로 제시하고, 개인적인 실천 경험을 담았습니다.

영역별 하브루타 가이드는 해당 영역의 특징과 보편적인 방법, 효과에 대해 종합적으로 정리한 글입니다. 가이드를 먼저 읽고, 소재별 세부 하브루타 방법을 읽으면 한결 수월하게 이해가 될 것입니다.

하브루타 실천 에세이는 저마다의 개인적인 실천 후기입니다. 다양한 가정에서 어떻게 하브루타가 실천이 되고 있는지, 어떤 변화가 있는지, 간접 경험하는 데 도움이 될 것입니다. 아울러 이 책에 수록된 하브루타를 실천한후 여러분의 실천 에세이를 직접 써 보는 것을 추천합니다.

선정 이유

집필진이 함께 머리를 맞대고, 대상과 재미, 난이도, 주제를 고루 고민하여 하브루타 소재로 선택한 이유를 담았습니다. 어떤 의미에서는 하브루타의 '주제'와도 연결될 수 있고, 이끎 질문과도 연결될 수 있습니다. 단 이 프레임에 갇히지 않기를 바랍니다. 더 다양한 이유와 주제를 찾는 확산적 사고를 하는 기본 토대로만 활용하기를 바랍니다.

대상, 난이도, 재미, 해시태그

대상, 난이도, 재미는 사실 전부 주관적입니다. 이것은 하나의 가이드라인일 뿐입니다. 소재 신징이 믹믹한 이들을 위해 제시했습니다. 사실 하브루타는 같은 소재나 주제여도, 누가 어떤 질문을 하고, 생각을 풀어내느냐에 따라 연령과 상관없이 다채롭게 진행할 수 있습니다. 난이도와 재미를 넣어 둔 이유는 조금 더 쉬운 것부터 시작하고자 하는 분들에게 도움이 되고자 함입니다. 좀 더 쉽고 재미있는 것으로 시작하기를 추천합니다.

해시태그는 '선정 이유'와 맥을 같이 합니다. 책에 수록된 해시태그 외에 가족들과 하브루타한 후에 해시태그 만들기 활동을 해도 좋습니다.

하브루타 가이드

하브루타의 시작부터 과정, 마무리까지 전체적인 흐름을 안내합니다. 하브루타의 흐름은 대개 다음과 같이 진행됩니다.

① 주제 단어나 책 표지 등으로 말문을 연다.
② 함께 텍스트를 읽는다.
③ 스스로(혼자 또는 같이) 질문을 만든다.
④ 전체 질문을 짝과 공유하며, 대표 질문을 골라 생각을 나눈다.

⑤ 짝토론, 짝이동토론, 모둠토론으로 생각의 폭을 넓힌다.

⑥ 부모나 교사의 주제 질문으로 전체 토론을 한다.

⑦ 활동 후 자신의 생각을 글과 그림 등 다양하게 정리한다.

각 소재별로 특징에 따라 조금씩 '도입'이 다릅니다. '전개' 과정은 대부분 질문과 토론으로 이루어지며, '마무리' 부분은 열심히 이야기를 나눈 후에 자기만의 내면화를 하는 방법을 안내했습니다. 가능한 다양한 도입과 마무리를 안내하려고 했습니다. 그림책에서 쓴 '마무리' 방법을 '명화'에서도 쓸 수 있습니다. 자유롭게 응용하기를 추천합니다.

전체 과정은 짧게는 30분에서 길게는 90분, 120분까지도 진행할 수 있습니다. 전체 시간 안배는 참여하는 가족에 맞추어 무리하지 않게 진행하면 됩니다.

다만 주의할 점은 반드시 '도입'부터 '전개', '마무리' 과정을 끝까지 해내야 하는 것은 아니라는 것입니다. 한 번에 처음부터 끝까지 진행할 수도 있고, '도입'만 즐겁게 진행하고, '전개'와 '마무리'는 생략할 수도 있습니다. '도입'과 '전개'만 해도 됩니다. 전체를 모두 진행하는 것이 가장 이상적인 흐름이기는 하지만 '무리'해서 진행하여 '하브루타가 싫다'고 느끼는 것보다는 '재미'와 '할 만하다'는 느낌의 선상에서 이루어지는 것이 핵심입니다. 말 그대로 '가이드'이니 참고로 활용하면 좋겠습니다.

'하브루타 가이드'에 담긴 여러 팁 역시 참고하여 따로 떼어 내어 응용해도 됩니다.

하브루타 에피소드 및 참고 질문

이 책에 수록한 모든 하브루타는 집필진이 고루 실천해 보고, 가능성과 반응을 체크해 보았습니다. 그 과정에서 채집한 자녀들의 질문을 수록하고 에피소드를 담았습니다. 부모가 먼저 간접 경험하고 준비하는 데 도움을 드리고자 함입니다. 질문이 잘 만들어지지 않으면 이곳에 수록된 질문을 살펴보며, 응용하거나, 그대로 활용해 묻고 답하기 놀이를 해도 됩니다.

추가 활동 아이디어

주로 어린 연령의 자녀들과 함께 표현 활동과 만들기 작업 등을 할 수 있는 아이디어를 담았습니다. 본문의 하브루타와 연결해도 좋고, 따로 떨어뜨려 적용해도 좋습니다. 아울러 여기에 수록된 아이디어를 통해 가족만의 더 즐거운 활동을 만들어도 좋습니다.

연계도서 및 참고사항

해당 주제와 연결하여 하브루타하기 좋은 그림책과 동화책 혹은 동영상 등을 수록했습니다. 하브루타 가이드에 제시된 방법대로 연계도서도 하브루타할 수 있습니다. 또는 해당 소재를 하브루타하고자 할 때 함께 읽어도 좋고, 하브루타를 마친 후에 함께 읽으며, 대화와 토론을 확장하는 용도로 활용해도 좋습니다.

별책 부록 - 하브루타 놀이 워크북

하브루타 가이드를 읽을 때 함께 펼쳐 놓고 보면 더 쉽게 하브루타의 전체 흐름이 이해됩니다. 그런 후 실제로 하브루타를 할 때 워크북을 복사하여 1인당 1장씩 각각 써도 되고, 대표로 한 명이 기록해도 됩니다. 워크북의 빈칸을 채우는 것에 부담 갖지 마세요. 하브루타의 흐름을 안내하고 연습하는데 도움이 되었으면 하여 만든 것입니다. 이 워크북 없이 가족 노트를 만들어서 기록해도 좋습니다. 특히 자녀들의 경우 워크북의 빈칸에 부담을 갖고 거부반응을 보일 수도 있으니, 상황에 따라 유연성을 발휘해야 합니다.

가족 모두 워크북을 쓸 경우에는 그 자료를 잘 모아 두었다가 한데 묶으면 '가족 하브루타 역사책'이 됩니다. 가족들의 생각의 흐름과 성장이 엿보이는 책이 됩니다.

각 소재별 하브루타 중에 자녀가 더 좋아할 만한 것, 더 쉽고 재미있게 시작해 볼 수 있는 것부터 시작하면 됩니다. 한 번만 하기보다는 시일을 두고 2번 이상 진행해도 좋습니다. 이전에 보지 못한 것들을 발견하거나, 관점이 다양해지고, 생각이 깊어진 것을 확인하는 계기가 되기도 합니다.

이 책은 가정에서 부모와 자녀가 함께 하브루타하는 것을 목적으로 구성했습니다. 하지만 소그룹이나 대그룹으로 하브루타 수업을 하는 교사들도 충분히 활용할 수 있습니다. '무엇'으로 하브루타를 할지 고민할 때 '무엇'에 대한 답이 되어 하브루타의 첫걸음을 떼는 데 도움이 되면 좋겠습니다. 또한 하브루타에 대한 세부적인 방법과 다양한 아이디어에 도움이 되어 충실한 가이드북이 되기를 희망합니다.

그림책
하브루타 가이드

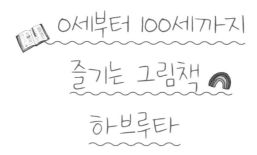

0세부터 100세까지 즐기는 그림책 하브루타

　그림책이란 글과 그림이 함께 이야기를 전달하는 책입니다. 그림책 작가 유리 슐레비츠는 "진정한 그림책은 전적으로 그림으로만 이야기를 전달한다."고 말합니다. 그림이 중심이 되는 그림책에서 글은 그림의 보조 역할을 하거나 그림으로 보여 줄 수 없는 것을 대신 말합니다. 이런 그림책의 특성 때문에 그림책을 읽을 때는 글과 그림을 모두 꼼꼼히 읽어야 제대로 이해할 수 있고, 그림책의 제 맛을 충분히 느낄 수 있습니다. 그래서 그림책은 다른 사람이 읽어 주었을 때 글과 그림 사이의 틈이 좁아져 더 몰입할 수 있고, 재미는 물론 이해도도 더 높아집니다.

　그림책을 읽어 주는 방법은 다양합니다. 여기에서는 '하브루타'와 접목한 그림책 읽어 주기를 소개합니다. 이 과정을 '그림책 하브루타'라고 할 수 있습니다. 그냥 읽어만 주어도 좋은 그림책을 질문하고 이야기 나누며 읽으면 사고력, 창의력, 토론력, 이해력을 키우는 것은 물론 서로의 마음을 공감하고 나누며 부모와 자녀가 소통하는 효과도 병행됩니다.

요즘은 그림책을 읽는 어른들의 모임이 많습니다. 이제 우리는 그림책이 어린이들만의 전유물이 아니라는 걸 압니다. 그림책은 남녀노소 누구나 즐길 수 있고, 언제 읽느냐에 따라 다양한 해석을 할 수 있습니다. 그래서 가족이 함께 읽고 이야기를 나누기에 최고의 책입니다.

그림책 하브루타의 도입

그림책은 앞표지부터 뒤표지까지 읽어야 합니다. 하브루타 역시 표지에서부터 시작합니다. 표지의 그림, 제목, 글과 그림 작가, 출판사 등을 꼼꼼히 읽어 준 다음, 표지에서부터 질문과 대화를 시작하면 됩니다. 읽을 요소가 많고, 이야깃거리가 많은 표지는 '까바놀이'를 하거나, '까만놀이'를 하면 저절로 표지를 꼼꼼히 관찰하며, 내용을 상상하고, 추론하며, 호기심 또한 증폭됩니다. 때로는 제목의 특정 단어를 가려 봐도 재미와 묘미가 있습니다. 예를 들면, 댄 샌탯 작가의 『떨어질까 봐 무서워』 그림책을 읽을 때는 '떨어질'을 가린 채, 혹은 '떨어질' 대신에 무엇을 넣을 수 있을지를 이야기 나눕니다. 이 과정을 통해 책 내용에 대한 호기심과 흥미, 궁금증, 상상력을 유발할 수 있습니다.

반면에 아주 단순한 표지 그림일 경우에는 '느낌'과 그런 느낌이 든 '이유'에 대해 이야기하며 연상되는 질문으로 상상해 보면 됩니다. 표지만으로도 많은 질문과 대화를 할 수 있습니다. 이렇게 질문하고 대화하고 나면, 남녀노소 대부분 내용을 무척 궁금해합니다. 이제 본문을 읽어 볼까요?

그림책 하브루타의 전개

본문 내용을 읽어 줍니다. 내용을 정확히 이해해야 질문과 토론, 논쟁을 할 수 있습니다. 한 명이 처음부터 끝까지 읽어도 되고, 서로 번갈아 가면서 읽어도 됩니다. 자녀들에게 읽어 주다 보면 어떤 아이는 그림을 자세히 보느라 혹은 궁금한 것이 많아서 자꾸 멈추기도 합니다. 어떤 아이는 엄마가 중간에 멈추고 질문을 하면 싫어하기도 합니다. 어떻게 하면 좋을까요?

자녀들에게 읽어 줄 때는 개개인의 성향에 맞추면 좋습니다. 중간에 멈추는 아이와는 이야기를 나누기 좋은 장면에서 멈추어 서로 궁금한 것에 대해 질문하고 이야기를 나누면서 읽어 가면, 그 자체가 하브루타입니다. 그러나 텍스트 위주로 읽는 아이들은 중간에 끊는 것을 싫어하기도 합니다. 그럴 때는 끝까지 읽은 후에 마음에 드는 '장면'이나 '문장'을 골라 그 이유를 함께 나눈 후 궁금한 것에 대해 질문하고 이야기를 나누면 됩니다.

이 과정에서의 핵심은 자녀가 스스로 열린 질문을 만들고, 그 질문에 대한 다양한 답을 찾으며, 서로의 생각을 이해하고 공감하며, 더 나아가 자신의 삶을 성찰하는 철학적 대화의 씨앗을 뿌리는 것입니다. 부모의 질문과 답을 강요하지 않고, 다양한 질문, 다양한 해답을 추구해 가는 것이 중요합니다. 무엇보다 이 과정이 즐거운 시간이 되기를 희망합니다.

이렇게 그림책 한 권을 읽는다면 시간이 얼마나 걸릴까요? 질문과 대화

없이 읽는 한 권의 시간보다는 훨씬 더 오래 걸립니다. '양'이냐 '질'이냐를 선택해야 합니다. 그냥 읽기만 해도 좋은 그림책도 있고, 질문과 대화·토론을 보태면 이해와 감동과 교훈이 부풀어 오르는 그림책도 있습니다. 그러므로 그림책의 특징에 맞춰 즐기면 됩니다.

그림책 하브루타의 마무리

표지부터 내용 구석구석을 질문하고 토론하며 충분히 그림책을 음미했다면 이제 마무리를 해 볼까요? 그림책으로 질문하고 이야기 나눈 소감, 그림책이 주는 메시지를 찾아 이야기합니다. 이때 메시지는 각자가 다를 수 있습니다. 독자의 몫이니까요. 다만 메시지를 뽑은 자신만의 정확한 이유를 그림책 속의 내용을 근거로 말할 수 있어야 합니다. 아이의 표현에 충분히 공감하고, 존중하며, 구체적으로 격려해 주면 더 좋습니다.

이 모든 과정을 숙제나 의무처럼 다하지 않아도 됩니다. 도입 활동으로 신나게 하브루타했다면 읽기만 해도 됩니다. 함께 읽고 이야기를 나누는 아이의 태도와 성향에 따라 다르게 해도 됩니다. 부모가 먼저 즐기듯이 편안한 마음으로 참여하세요. '좋은 질문과 좋은 답, 가르치고 싶은 교훈'에 목적을 가지면, 과정이 결코 즐겁고 편안할 수 없습니다. 부모가 편안하고 즐겁지 않으면 아이도 마찬가지입니다. 그림책 하브루타 시간이 서로를 더 이해할 수 있는, 더 사랑할 수 있는 행복한 시간이 되면 좋겠습니다.

까만
코다

이루리 글, 엠마누엘레 베르토시 그림, 북극곰, 2012.

대상 유아 6세~초등 저학년
난이도 ★★☆☆☆
재미 ★★★☆☆

#북극곰은 귀여워 #더불어 사는 지혜가 필요해
#내 약점은 뭐지? #약점을 가려주는 사랑

선정 이유

책 표지의 북극곰 모습은 우리의 시선을 사로잡고 책에 대한 호기심을 갖게 합니다. 작가 이루리가 쓴 따뜻한 이야기에 이탈리아의 작가 엠마누엘레 베르토시가 북극의 풍경을 생생하고 서정적으로 표현했습니다. 엄마 곰과 아기 곰 코다의 이야기를 통해 환경과 생명의 소중함, 더불어 사는 지혜의 필요성, 서로의 약점을 가려 주는 사랑을 일깨워 줄 수 있는 따뜻한 그림책입니다.

작품 설명 및 작가 소개

　사냥꾼 보바가 북극곰을 잡으러 옵니다. 북극곰의 약점인 크고 까만 코만 찾으면 됩니다. 보바는 두 개의 까만 코(엄마 곰, 아기 곰 코다)를 발견하고 총을 겨눕니다. 순간 사냥꾼의 냄새를 맡은 엄마 곰은 코다를 끌어안고 아기를 살려 달라 기도하고, 코다는 그런 엄마의 까만 코를 두 손으로 가려 줍니다. 사냥꾼은 두 개의 까만 코가 사라져 버리자 허탈하게 돌아가고 여전히 부둥켜안고 있는 엄마 곰과 코다 위로 축복의 눈이 내립니다.

〰️

글쓴이 이루리는 2009년에 번역가를 꿈꾸는 아내 이순영과 함께 그림책 전문 출판사 '북극곰'을 만들었고, 다음 해에 작가로 데뷔했습니다. 지은 책으로는 『북극곰 코다, 까만 코』, 『북극곰 코다 호』, 『삶은 달걀』 등이 있습니다.

〰️

그린이 이탈리아 작가 엠마누엘레 베르토시는 자연의 경이로움을 환상적으로 그려 낼 줄 아는 예술가입니다. 그린 책으로는 『까만 코다』, 『눈 오는 날: 장서리 내린 날』 등이 있습니다.

하브루타 가이드

1. 도입

① 책 표지만 보며 그림과 제목의 느낌을 이야기 나눕니다.

- 그림을 보니 어떤 느낌이 드니?

② 책 표지만 보고 궁금한 것을 한 사람씩 이야기 나눕니다.

- 왜 어른 곰이 한 마리뿐인지 궁금하구나. ○○는 어떤 것이 궁금하니?

- 그림책 표지를 최대한 활용합니다.
- 책 표지만 보고도 자녀와 나눌 이야기는 풍부합니다. 내용 상상하기도 재미있습니다.

2. 전개

① 그림책을 함께 읽습니다.

② 책 내용을 떠올리며 한 문장씩 주고받아 줄거리를 완성합니다.

- 새하얀 북극곰 마을에 까만 옷을 입은 사냥꾼 보바가 나타났어요. → 보바는 총을 들고 북극곰을 잡으러 왔어요.

③ 가장 인상 깊은 장면과 그 이유를 이야기 나눕니다.

④ 궁금한 것을 질문으로 만듭니다.

⑤ 만든 질문을 공유하며 격려합니다.

- 질문을 만들어 보니 기분이 어때?

- 와~ 멋진 질문이네. 이 질문을 한 이유가 뭘까?

⑥ 만든 질문에서 대표 질문을 한 개씩 골라 대화합니다.

- ○○는 질문 중에서 어떤 질문으로 이야기 나누고 싶니?

① 역할 나누어 책 읽기
예1) 사냥꾼 보바, 엄마 곰, 아기 곰, 해설
예2) 부모 해설, 자녀 대사
④ 유아 자녀의 질문은 부모가 대신 적어 줍니다.
⑥ 대표 질문을 고를 때는 자신이 이야기 나누고 싶은 질문, 마음에 드는 질문을 스스로 고릅니다. 아이의 선택을 존중해 줍니다.

3. 마무리

① 하브루타한 후 느낀 점, 실천할 점을 생각해 보고 이야기 나눕니다.

② 북극곰 코다 가족에게 하고 싶은 말은 무엇인지 한 줄로 표현합니다.

- 코다야, 엄마의 까만 코를 가려 준 네가 멋져.

- 엄마 곰아, 아기 곰을 먼저 생각하는 그 마음이 예뻐요.

③ 하브루타를 함께한 가족들과 감사의 포옹을 나눕니다.

• ①과 ② 중 하나만 해도 좋습니다.
• 우리 가족에게 하고 싶은 말을 써도 좋습니다.
예) 엄마, 내가 배 아플 때 내 배를 만져 주면서 '엄마 손은 약손' 노래를 불러 주어서 좋았어요.

하브루타를 만난 지 4년이 되는 두 아들의 질문(초4, 중1)입니다.

- 보바가 북극곰을 잡으러 온 이유는 무엇일까?

  보바는 북극곰을 몇 마리나 잡아 보았을까?

- 엄마 곰은 아기 곰 코다를 끌어안으면서 무섭지 않았을까?

- 보바는 다시 북극곰을 잡으러 오지 않았을까?

- 아기곰 코다 아빠는 어디에 있을까?

- 정말로 북극에서는 까만 코만 찾으면 북극곰을 잡을 수 있을까?

- 아기 곰 코다는 어떻게 엄마의 코를 가려 줄 생각을 했을까?

- 내가 만약 아기 곰이라면 이렇게 할 수 있었을까?

- 이루리 작가가 이 책을 만든 의도는 무엇일까?

- 위험한 순간에 지혜롭게 대처하는 방법은 무엇일까?

- 북극곰에게 까만코가 약점이면 나의 약점은 무엇일까?

- 누군가가 내 약점을 가려 주었을 때 어떤 느낌이 들었나?

- 친구나 가족의 약점을 어떻게 바라보아야 할까?

이날 저를 놀라게 한 질문은 중1 아들의, '누군가가 내 약점을 가려 주었을 때 어떤 느낌이 들었나?'라는 질문이었습니다. 혼자서 이 책을 보았을 때는 주제가 '모성애'라고 생각했는데, 아이의 질문 덕분에 '약점'에 대해 새삼 생각해 보게 되었기 때문입니다. 이처럼 질문은 늘 신선하고, 우리를 배움으로 이끕니다. 물론 아이의 질문을 존중했을 때 가능합니다. 아이의 질문을 주제에서 벗어난 질문이라 생각지 않고 존중하니 저도, 아이들도 새로운 관점에서 그림책을 바라보는 계기가 되었던 것처럼요.

이 질문으로 우리는 나의 약점은 무엇인지, 친구나 가족이 내 약점을 어떻게 대해 주면 좋을지를 이야기 나누었습니다. 누군가가 내 약점을 알고도 가려 주었던 경험을 나누며 상대방의 약점을 알고 있다면 말없이 그것을 가려 주는 것도 지혜롭게 살아가는 하나의 방법임을 알게 되었습니다. 두 아이 덕분에 하브루타 후에도 더 많은 생각을 하게 되었습니다.

연계도서 및 참고사항 📚

『북극곰』, 제니 데스몬드 글·그림, 고래뱃속, 2018.
『북극곰 코다 호, 두 번째 이야기』, 이루리 글, 엠마누엘레 베르토시 그림, 북극곰, 2014.
『북극곰이 녹아요』, 박종진 글, 이주미 그림, 키즈엠, 2017.
『북극곰이 사라진다면』, 릴리 윌리엄스 글·그림, 나무야, 2018.
『쩌저적』, 이서우 글·그림, 북극곰, 2018.

곰 얼굴 접기

|준비물| 흰색 종이(15×15cm) 1장, 흰색 종이(10×10cm) 1장,
　　　도화지, 딱풀, 사인펜, 색연필(색종이도 가능)

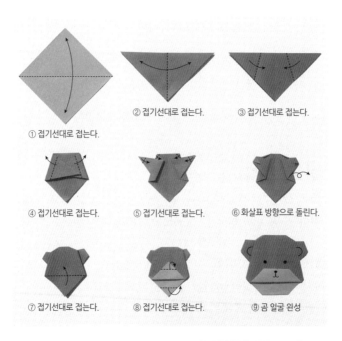

① 접기선대로 접는다.

② 접기선대로 접는다.

③ 접기선대로 접는다.

④ 접기선대로 접는다.

⑤ 접기선대로 접는다.

⑥ 화살표 방향으로 돌린다.

⑦ 접기선대로 접는다.

⑧ 접기선대로 접는다.

⑨ 곰 얼굴 완성

색종이로 곰 두 마리를 접고 색
연필과 사인펜으로 끌어안고
있는 모습을 그려요.
우리 가족 수대로 곰을 접어 곰
가족을 표현해 봐도 좋아요.

파랑이와 노랑이
(Little Blue and Little Yellow)

레오 리오니 글·그림, 물구나무, 2003.

대상 5세 ~ 초등 저학년
난이도 ★☆☆☆☆
재미 ★★★★☆

#너와 난 단짝 친구 #친구랑 노는 건 즐거워 #해결 방법은?
#색깔이 섞이면 어떻게 될까? #나는 무슨 색깔일까?

선정 이유

  짙은 파랑과 밝은 노랑. 책 표지의 선명한 색깔이 인상적입니다. 책 제목을 보며 어떤 이야기일지 상상해 보는 재미도 있습니다. 친구를 찾아다니는 파랑이의 마음, 친구를 만났을 때의 반가움과 함께 놀 때의 즐거움, 부모가 파랑이와 노랑이를 알아보지 못했을 때의 슬픈 마음, 자신을 색깔로 표현해 보는 것 등 다양한 주제로 아이와 함께 이야기를 나눌 수 있습니다.

작품 설명 및 작가 소개

제목대로 파랑이와 노랑이가 주인공입니다. 둘은 아주 친한 친구 사이입니다. 어느 날 친구와 놀고 싶었던 파랑이는 노랑이네 집으로 갑니다. 길모퉁이에서 만난 둘은 꼭 붙어서 여기저기 놀러 다닙니다. 그런데 친구와 신나게 놀다가 집으로 돌아간 파랑이와 노랑이를 부모는 알아보지 못합니다. 둘은 어느새 초록이 되어 있었기 때문입니다. 둘은 어떻게 될까요?

~~~~~~~~~~

작가 레오 리오니는 1910년 네덜란드에서 태어났습니다. 이후 미국에서 디자인 학교 학장, 잡지 아트디렉터로 활동하였습니다. 손주들을 위해 기차 안에서 즉흥적으로 만든 이야기 '파랑이와 노랑이'가 그림책이 되어 유명해졌고, 이후 많은 그림책을 썼습니다. 짧은 그림책 속에 삶의 철학이 담겨 있기에 어른들이 보아도 좋은 그림책으로 인정받고 있습니다. 그의 작품으로는 『프레드릭』, 『으뜸 헤엄이』, 『저마다 제 색깔』, 『아주 신기한 알』 등이 있습니다.

하브루타 가이드

1. 도입

① 표지 앞, 뒷면을 펼쳐서 책 표지를 꼼꼼히 살펴봅니다.

② 나만의 제목을 지어 봅니다.

  - 우리 이 그림책에 나만의 제목을 지어 볼까?

③ 제목을 지은 이유를 함께 이야기 나눕니다.

  - 엄마는 제목을 '두 개의 멋진 달걀'이라고 지었어. 동그라미가 두 개라서 그렇게 지어 봤어. ○○가 지은 제목은 뭐야?

    • '나만의 제목 짓기'는 그림책 제목을 이미 알고 있더라도 할 수 있습니다.

2. 전개

① 그림책을 함께 읽습니다. ☁TIP

② 책을 읽은 후 드는 생각을 간단히 이야기 나눕니다.

  - 그림책을 읽고 나니 가장 먼저 어떤 생각이 떠오르니?

③ 책을 읽으며 궁금했던 것을 질문으로 만듭니다. ☁TIP

④ 자신이 만든 질문 중에서 함께 이야기를 나누고 싶은 대표 질문에 별표를 한 후 그 질문으로 서로 이야기를 나눕니다. ☁TIP

① 글을 읽지 않고, 그림만 처음부터 끝까지 살펴본 후에 읽는 것도 추천합니다. 그림책의 그림에만 집중할 때, 상상력과 호기심이 어떤 작용을 하는지 함께 즐겨 보세요.

③ 질문의 개수보다 아이가 질문을 만드는 과정에 흥미를 느낄 수 있도록 응원해 주고 도와줍니다.

④ 이야기 나눌 질문 선택권을 아이에게 주면 아이의 참여를 높일 수 있습니다.

3. 마무리

① 책을 읽고 하브루타한 경험에 대해 서로의 느낌을 나눕니다.

  - ○○는 그림책으로 질문하고 이야기를 나눠 보니 어떤 마음이 들어?

• 서로의 느낌 나누기는 말로 해도 되고, 짧은 글로 적어 봐도 됩니다. 아이의 참여도에 따라 조절하세요.

초등 2학년 아이들과 질문하고 이야기를 나누었습니다. 아이들은 파랑이와 노랑이에게 얼굴이 없다는 것도 신기해하고 둘이 언제부터 친해졌는지도 궁금해합니다. 파랑이와 노랑이의 *끈끈한* 우정을 부러워하면서 자신과 친구와의 놀이 경험을 떠올리기도 합니다. 그러면서 친구의 소중함과 어떤 친구가 되고 싶은지를 자연스럽게 이야기 나누었습니다.

- 왜 제목이 파랑이와 노랑이일까?

- 왜 얼굴이 없을까?

- 왜 파랑이가 노랑이를 제일 좋아할까?

- 둘은 언제부터 친했을까?

- 이 동네는 어디에 있는 동네일까?

- 만약 내가 파랑이가 된다면 친구가 많을까?

- 파랑이와 노랑이는 남자일까? 여자일까?

- 누가 엄마고 누가 아빠일까?

- 왜 파랑이 집이 주황색인데 파랑이가 색깔이 안 바뀌는 걸까?

- 왜 선생님이 안 보일까?

- 선생님은 검은색일까?

- 색깔이 다 섞이면 무슨 색일까?

- 왜 마지막 장면에 초록이가 나왔을까?

- 만약 내가 파랑인데 가족이 못 알아보면 어떻게 했을까?

- 만약 내가 색깔이면 난 무슨 색일까?

 이 많은 질문 중에 아이가 이야기를 나누고 싶어 한 질문은 '누가 엄마이고, 누가 아빠일까?'입니다. 아이의 답은 무엇이었을까요? "짧고 뚱뚱한 쪽이 아빠 같아요. 우리 아빠랑 닮았어요. 아빠는 키도 작고 배가 나왔어요. 엄마는 날씬하니까 길고 날씬한 게 파랑이 엄마예요." 어떤가요? 아이의 질문과 생각은 자신의 삶을 그대로 표현합니다.

 "만약 ○○가 파랑이인데 가족이 못 알아보면 어떨까?"

 "음, 나는 진짜 슬플 거 같아요. 엄마가 나를 못 알아보면 눈물 날 거 같아요. 그래도 계속해서 나라고 이야기할 거예요. 그러면 알아볼 거예요."

 아이의 생각과 마음이 느껴지나요? 이렇게 아이가 질문을 통해서 하고 싶었던 말을 충분히 들어 준 뒤에, 엄마의 질문을 살짝 얹어서 이야기 나누는 것을 추천해 드립니다. 부모가 하고 싶은 말보다 아이의 생각과 마음을 듣는 데 더 집중하면 좋겠습니다.

연계도서 및 참고사항

『빨강: 크레용의 이야기』, 마이클 홀 글·그림, 봄봄출판사, 2017.
『색깔의 여왕』, 유타 바우어 글·그림. 문학동네, 2004.
『섞어 봐! 새로운 색깔의 탄생』, 아리 청 글·그림, 키즈엠, 2019.

|준비물| 풀, 가위, 색연필, 물감, 셀로판지, 색종이, OHP 필름지(혹은 손
        코팅지), 클레이, 두꺼운 종이(팽이 만들기)

1. 셀로판지를 이용한 색의 혼합 알기

셀로판지를 작게 자른 후, 서로 겹쳤을 때 어떤 색이 나오는지 눈으로 확
인해 봅니다. 여러 장을 겹쳐 서로 다르게 나타나는 색들을 도화지에 붙
여 표현해 봅니다. 그 후 자신이 생각하는 색깔의 이름을 적어 주세요.

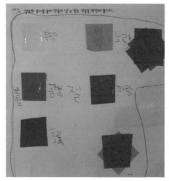 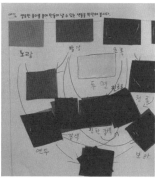

주의 : 도화지에 풀칠한 후 셀로판지를 붙입니다. 셀로판지에 풀칠하면
        너무 얇아서 뭉칩니다.

2. OHP 필름지 위에 그리는 손가락 물감 놀이

OHP 필름 위에 물감을 짠 후 손가락으로 섞어 봅니다. 부드럽고 말랑한 물
감의 촉감과 서서히 섞이는 색의 모습 등 신기한 경험을 할 수 있습니다.

3. 클레이를 이용한 놀이

원색의 클레이를 이용해서 색의 혼합에 관해 이야기를 나눠 보고 우리 가
족을 만들어 봅니다.

4. 색깔 팽이 만들기

집에 있는 재료(우유팩, 택배 상자 등 두꺼운 종이류)를 활용해서 종이 팽이를 만듭니다. 종이류에 ○, □ 모양을 오린 뒤 색을 칠한 후 나무젓가락을 가운데 꽂아서 팽이를 완성합니다. 택배 상자는 칼로 오려야 하므로 엄마가 잘라 줍니다.

5. 셀로판지로 나만의 스토리북 만들기

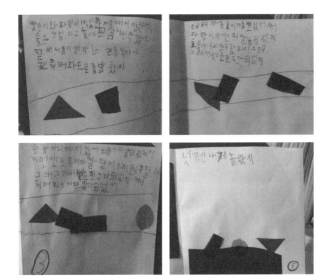

셀로판지는 아이가 자르기 어려울 수 있어요. 엄마가 미리 잘라 둡니다.

- A4용지를 반으로 접어 간단한 미니 북을 만들 수 있습니다. 엄마와 함께 스토리북을 만들어 보고 내 스토리에 제목도 짓고 서로 공유하면서 이야기꽃을 피워 보세요.

불곰에게 잡혀간
우리 아빠

허은미 글, 김진화 그림, 여유당, 2018.

대상 초등 전학년
난이도 ★★★☆☆
재미 ★★★★☆

#나 잡아 봐라~ #내 마음을 알아줘 #목소리 크면 다야!
#나도 할 말 있어 #산다는 건 #사랑해 엄마

선정 이유

이 책을 처음 본 순간 우리 엄마들이 생각났습니다. 엄마의 삶을 아이들이
한번 들여다볼 수 있었으면 좋겠다는 생각이 들었습니다. 엄마 또한 나는 아
이에게 어떤 엄마인지 자신을 돌아볼 수 있는 시간이면 좋겠습니다.

가족 각자의 모습과 역할을 서로 이해하며 공감할 수 있기를 바라며 추천
합니다. 가족의 진심에 한 발 더 다가가는 시간이 되기를 바랍니다. 세상 모

든 엄마, 아빠를 응원합니다.

작품 설명 및 작가 소개

화가 나면 얼굴이 빨개지고 아침마다 집안을 들었다 났다 하는 엄마는 별명이 불곰입니다. 어느 날과 다름없이 소리치는 불곰에게 쫓겨 등교한 나는 '우리 가족'이란 제목으로 동시를 짓습니다. 아빠, 동생, 순덕이(고양이)가 좋은 이유는 척척 쓰지만 '엄마는 왜 좋은지 모르겠다.'라고 시를 끝맺은 나는 그때부터 엄마가 좋은 이유를 찾기 시작합니다. 그런데 아빠에게 물었더니 엄마가 불곰이라며 믿을 수 없는 이야기를 들려 줍니다. 엄마는 진짜 불곰일까요? 그래서 아침마다 으르렁대는 걸까요? 엄마가 좋은 이유를 찾는 아이가 본 진실은 무엇일까요?

〜〜〜〜

글쓴이 허은미는 대학에서 독일 문학을 공부했으며, 『진정한 일곱 살』, 『착한 엄마가 되어라, 얍!』, 『산타할아버지가 우리 할아버지라면』 등의 책을 지었습니다.

〜〜〜〜

그린이 김진화는 대학에서 회화를 공부하고 어린이, 청소년 책에 그림을 그리고 있습니다. 여러 가지 재료로 물건을 만들어서 사진을 찍는 등 다양한 기법으로 그리는 걸 좋아합니다. 『니 꿈이 뭐이가?』, 『봉주르 뚜르』 등에 그림을 그렸습니다.

하브루타 가이드

1. 도입

① 서로의 별명 혹은 태명에 관해 이야기를 나눕니다.

- 우리, 태명이나 별명에 대해 이야기 나눠 볼까?

- 엄마, 내 태명은 뭐였어요?

② 책을 완전히 펼쳐서 앞뒷면 표지를 함께 살펴봅니다. 그리고 제목과 표지
에 대한 질문도 주고받습니다.

- 왜 제목에서 '잡'이라는 글자만 다를까?

- 그림자는 왜 곰의 형태일까?

③ 면지도 꼼꼼하게 살펴보며 이야기 나눕니다.

• 혹 태명이 없거나 기억나지 않으면, 즉석에서 지어 주는 센스도 발휘
해 보세요.

2. 전개

① 그림책을 함께 읽습니다.

② 가장 재미있거나 공감되는 장면에 관해 이야기를 나눕니다.(그려 봐도 좋
습니다.)

- 그 장면을 고른 이유는 뭘까?

③ 궁금한 것을 질문으로 만듭니다.

④ 각자 질문을 만든 후 짝과 함께 의논하여 질문을 두 개 정도 추가합니다.

⑤ 질문 중에서 대표 질문을 한 개씩 골라 대화합니다.

⑥ 짝을 바꿔 한 번 더 대표 질문으로 대화합니다.

② 재미있는 장면을 찾을 때 그림 속에, 글자 속에 숨어 있는 재미도 찾아봅니다.

④ 반드시 각자 질문을 만들어야 하는 것은 아닙니다. 함께 이야기 나누며 만들어도 됩니다.

⑤ 대표 질문을 꼭 정하지 않고 아이랑 만든 질문을 전부 인터뷰하듯 이야기 나누어도 됩니다.(까주놀이, 37쪽 참고)

⑥ 짝을 여러 번 바꾸면 더 좋습니다.

3. 마무리

① 책 속에 있는 '우리 가족' 동시를 패러디한 후 낭독합니다.

　- 저학년의 경우 책 속에 있는 '우리 가족' 동시의 기본 뼈대는 그대로 둔 채 이유만 바꿔서 적습니다.

　예) 아빠는 좋다. 까치처럼 은혜를 갚아서 좋다.

　　　→ 아빠는 좋다. 매일 과자를 사 줘서 좋다.

② 함께 추천 음악을 들으며 소감을 나눕니다.

　- 너는 이 노래 가사 중 어떤 부분이 가장 마음에 들었니?

　- 오늘 우리가 나눈 이야기와 이 노래는 어떤 관련이 있을까?

- 동시를 패러디할 때 가족뿐 아니라 내가 좋아하는 것을 주제로 해도 괜찮습니다.
- 시 낭독 후 서로 격려와 응원을 해 줍니다.
- 추천 노래
  - 양희은,「엄마가 딸에게」
  - 김진호,「가족사진」
  - 이설아,「엄마로 산다는 것은」

하브루타 에피소드 및 참고 질문

"○○야, 엄마가 왜 좋아?"

"엄마의 뱃살은 최고의 기능을 가진 쿠션이야. 엄마의 냄새는 내 마음을 편안하게 해 줘."

같이 즐겁게 하하하 웃었습니다. 그림책을 읽으며 이렇게 이야기 나눌 수도 있습니다. 다음은 엄마와 초등 5학년 남자아이의 질문입니다. 우리는 아래의 질문으로 이야기를 나눈 후 마지막에 동시 짓기(72쪽 동시)로 마무리했습니다.

아이는 즐겁게 이야기를 나누었지만, 저는 친정엄마 생각이 났습니다. 한편으로는 엄마로서의 나를 생각하니 코끝이 찡했습니다. 마무리에 추천한 이설아의 「엄마로 산다는 것은」 노래를 듣다가는 눈물이 흐르기도 했습니다. 여러분에게는 이 그림책이 어떻게 다가갈지 기대됩니다.

우리가족

아빠는 좋다
아빠의 포근한 배에 잠들수 있어서 좋다.
엄마는 좋다
  엄마의 부드러운 입술에 입을 맞추면 기분이
좋아서 좋다
  큰누나는 좋다
따뜻한 손으로 나를 안아줘서 좋다
  둘째누나는 좋다
나를 잘 챙겨주고 나를 도와주기 때문에 좋다
  셋째누나는 좋다
언제나 나에게 먼저 다가와 이야기해줘서 좋다
나는 좋다
  우리가족들이 나를 사랑해줘서 좋다

아이 질문

- 아빠는 왜 불곰이랑 결혼했을까?

- 아빠가 보기엔 엄마가 불곰으로 보일까?

- 엄마는 자기가 무섭다는 생각이 들었을까?

- 내가 아이라면 엄마에게 불곰 대신 뭐라고 지어 줄까?

- 결혼하고 나서 집안일 하느라 사나운 불곰이 되었을까?

- 첫 번째 그림의 집 위에는 엄마 빼고 다 위에 올라가 있는데 두 번째 그림에는
  엄마만 올라와 있네. 엄마의 권력이 강해진다는 뜻일까?

엄마 질문

- 사슴뿔이 의미하는 건 뭘까?

- 종일 탁자 앞에 서 있는 엄마의 직업은 무엇일까?

- 나는 우리 아이들에게 어떤 엄마일까?

- 하루 중 불곰이 가장 행복한 시간은 언제일까?

- 작가는 왜 불곰을 선택했을까?

- 아이들이 가장 무서워하는 나의 모습은 어떤 모습일까?

- 우리 엄마는 어떤 모습이었을까?

연계도서 및 참고사항

『돼지 책』, 앤서니 브라운 글·그림, 웅진주니어, 2001.
『100 인생 그림책』, 하이케 팔러 글, 발레리오 비달리 그림, 사계절, 2019.
『수영장에 간 아빠』, 유진 글·그림, 한림출판사, 2018.
『아빠와 나』, 오호선 글, 정진호 그림, 길벗어린이, 2019.
『엄마』, 엘렌 델포르주 글, 캉탱 그레방 그림, 밝은미래, 2019.

1. 가면 만들어 놀기

|준비물| 도화지, 빵봉투(大), 종이가방, 네임펜(크레파스), 칼

- 원하는 가면 재료를 선택해 눈과 코의 위치에 구멍을 내고,
  그리고 싶은 얼굴이나 동물을 표현합니다.
- 가족의 얼굴을 그려도 좋고, 가족에게 어울리는
  동물 별명을 짓고 그 동물을 그려도 좋습니다.

나는 귀염둥이 펭귄~

2. 우리 가족 만화

- 가족끼리 투표하여 이번 주에 가장 기억나는 에피소드를 골라 만화로
  표현해 봅니다. 가족들이 각자 한 컷을 맡아 그려도 재미있습니다.

3. 엄마와 아빠의 역사 알아보기

- 엄마, 아빠의 어린 시절, 청소년기, 연애할 때 사진 등을 여러 장 준비합
  니다.
- 아이들에게 어떤 설명도 하지 않고, 아이들이 사진을 보고 누구의 사진
  일지, 어느 시절 사진일지 맞춰 보는 것도 재미있습니다.
- 아이들과 엄마, 아빠의 그 시절에 대해 즐겁게 이야기를 나눕니다.

아이의 생각의 끈을 따라가야
비로소 보이는 것들

하브루타를 만난 지 어느덧 4년이 되었습니다. 우리 아이들도 그 시간 동안 저와 함께 성장했습니다. 질문도 많아지고 자기 생각을 보다 분명하게 말할 줄도 알게 되었습니다. 다양한 하브루타를 통해 아이들의 생각이 쑥쑥 자라남을 느끼고 아이들의 표현에 놀라는 일들이 점점 늘어납니다.

아이들과 함께한 그림책 하브루타 중에서 마스다 미리의 『너는 어떤 힘을 가지고 있니?』가 기억납니다. 이 책은 꼬마 자동차가 힘든 길을 혼자 헤쳐 나가면서 용기와 자신감을 얻고 자기만의 상자에 특별한 힘을 품고 살아간다는 이야기를 담고 있습니다. 응원이 필요한 우리 아이들에게 꼭 필요한 책이지요. 이 그림책으로 2018년, 2020년 두 번의 하브루타를 했습니다. 그동안 우리 아이들의 생각이 어떻게 변화하고 성장했는지, 어떤 가치들을 발견했는지 그 경험을 나눕니다.

2018년 - 너는 어떤 힘을 가지고 있니?

희연(8살), 하영(6살)이와 함께 하브루타를 만난 지 1년 5개월 즈음에 함께 나눈 대화입니다. 핵심 부분만 옮겼습니다.

엄마 그러면 이 상자에는 뭐가 있을까?

희연, 하영 용기가 있는 것 같아. 자신감도 있어. 그리고 끈기도 있어.

하영 나는 꼬마 자동차에게 이렇게 말해 주고 싶어. "꼬마 자동차야, 네가 처음이라서 그런 거야! 우리는 모두 처음에는 무서울 수 있지만 가다 보면 가파른 길도 올라갈 수 있어!"

엄마 오~ 멋진데? 우리 하영이!

희연 엄마, 나 이 책이 뭘 말하는지 알겠어. 처음은 다 실패한다. 용기를 내면 할 수 있다!

엄마 그래, 용기를 내면 할 수 있지. 처음에는 누구나 다 실패를 하는 거야. 하지만 그건 사실 실패가 아니야. 큰 성공을 위한 작은 성공인 거지.

(중략)

희연 엄마, 난 이 문장이 제일 좋아. "넘어져도 괜찮아요, 일어나면 되니까요." 꼬마 자동차가 용기를 내서 정말 멋진 것 같아. 내가 저 자동차였다면 용기를 내서 출발했을까?

엄마 우리 희연이라면 어땠을까?

희연 (망설이면서) 음…. 하고 싶긴 하겠지만 잘 모르겠어.

작은아이는 활력이 넘치고 모험심이 강하지만 큰아이는 매사 꼼꼼하고 차분하며 무언가를 할 때도 계획을 세워야 합니다. 안정적인 것을 좋아하는 큰아이의 말을 듣고 저는 살짝 고민이 되었습니다. '이 아이의 용기를 어떻게 하면 세상 밖으로 나오게 할 수 있을까?' 엄마로서 어떤 도움을 줄 수 있을지 내내 생각하며, 아이를 응원하고 기다려 주었습니다. 지난겨울, 놀이공원에 놀러 간 그날도 큰아이는 '엄마, 나 저거 탈 수 있을까?' 고민하고 망설였습니다. 하지만 이번에는 전과 달랐습니다. 큰아이는 자신이 탈 수 있는 놀이기구를 단계별로 순서를 정한 다음 하나둘 도전했습니다. 그러더니 매번 구경으로만 그쳤던 어린이용 바이킹을 탔습니다! "엄마~~ 너무 재미있어. 완전 신나. 나 또 탈래." 폐장 시간이 될 때까지 큰아이는 놀이기구를 타고 또 탔습니다. 지금도 그날 울렸던 큰아이의 들뜬 목소리와 신나게 놀이기구를 타던 모습을 떠올리면 가슴이 벅차오릅니다.

2020년 - 너는 어떤 힘을 가지고 있니?

2020년, 다시 마스다 미리의 그림책으로 하브루타를 했습니다.

희연 그런데 엄마 내가 만약 꼬마 자동차라면 어떤 힘을 가지고 있을까?

엄마 올해 우리 희연이가 찾은 힘이 있다고 했지?

희연 아, 맞다. 친구들을 설득하는 힘을 발견했지. 설득의 힘이랑 그리고 용기의 힘. 올해 놀이기구 탔잖아. 또 타러 가고 싶다.

엄마 그날 우리 희연이 참 대견하고 멋졌어. 그럼 희연이가 가지고 싶은 힘은 어떤 거야?

희연 음…. 존중의 힘이랑 동생과 안 싸우는 힘. 그런데 엄마, 만약에 꼬마 자동차
가 힘든 일을 거치지 않았다면 어떻게 됐을까?

엄마 어? 그러게. 어떻게 되었을까?

희연 그게 말이야. 경험하게 되면 익숙해지고 또 성장하는데, 그게 없었으면 그
렇게까지 성장은 못했을 것 같아.

엄마 오~ 어떻게 이런 멋진 생각을! 엄마도 같은 생각이 들었어. 그러고 보니 희
연이는 이번에 경험을 통해 커다란 성장을 했구나! 축하해. 오늘 이 책으로
두 번째 하브루타를 했는데 희연이가 찾은 메시지는 뭐야?

희연 음. 도전만이 살길이다. 왜냐하면 도전하면서 배우는 것이 많으니까.

큰아이와 그림책 하브루타를 하면서 아이의 생각 근육이 더 단단해졌음
을 느꼈습니다. '처음은 다 실패한다. 용기를 내면 할 수 있다!'는 메시지가
'도전만이 살길이다. 왜냐하면 도전하면서 배우는 것이 많으니까.'로 변한
것처럼 아이는 성장했습니다.

하브루타는 잠깐 했다고 해서 그 효과가 금방 나타나지 않습니다. 정성껏
가꾸어야 튼튼하고 건강한 싹이 자라나듯 꾸준히 그리고 느긋하게 아이와
함께 실천해야 합니다. AI와 함께 살아갈 우리 아이들이 하브루타를 통해 자
신만의 가치를 찾아가고, 성장할 수 있도록 돕는 것이 그 무엇보다 중요한
것임을 매번 깨닫습니다.

3장

인성
하브루타 가이드

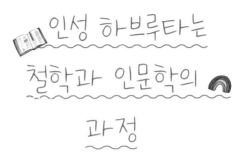

인성 하브루타는
철학과 인문학의
과정

하브루타를 통해 우리가 얻고자 하는 바는 무엇일까요? 21세기를 살아가는 데 필요한 개인적인 역량을 키울 수 있습니다. 하지만 무엇보다 중요한 것은 질문과 토론을 통한 철학하기입니다. 철학한다는 것은 자기 삶을 이해하기 위해 수많은 질문을 하고 답을 찾아가는 과정입니다. 하브루타 또한 정답 없는 인생의 수많은 물음에 스스로 생각하고 답을 찾아가는 연습의 하나입니다. 철학의 뿌리는 질문입니다. 질문과 토론이 철학과 인문학의 과정입니다. 이 과정을 통해 우리는 자기 삶의 주체가 되고, 좋은 인성을 가진 더 나은 사람이 되어 갑니다

그러므로 이 책에 있는 모든 하브루타 과정은 철학하는 과정이고 곧 인성 하브루타입니다. 예를 들면, 그림책을 읽고 '정직이란 무엇인가?', '정의로움

이란 무엇인가?', '배려란 무엇인가?', '사랑이란 무엇인가?' 등 살아가는 데 본질적으로 필요한 가치에 대해 질문하고 토론하면 인성 하브루타라고 할 수 있습니다.

다양한 인성 하브루타의 주제

인성을 주제로 대화를 나누는 데 경계는 없습니다. 어떤 대화에서든 자신만의 가치를 찾을 수 있고, 그것을 삶의 방향으로 만들 수 있다면 무엇이든 인성 하브루타의 주제가 됩니다. 이번 장에서는 UN이 인정한 세계적인 인성 교육 프로그램인 버츄 프로젝트와 유대인의 지혜서 탈무드 그리고 이솝우화를 소재로 한 인성 하브루타를 소개합니다.

탈무드와 이솝우화는 수천 년을 살아 움직이는 이야기로 인성 하브루타를 하기에 최고의 주제입니다. 탈무드는 유대인의 구전 토라를 끊임없는 질문과 토론을 통해 주석과 해석을 달아 놓은 율법서입니다. 우리나라에 소개되어 있는 탈무드에는 우화와 사람들의 이야기를 담아서 지혜롭게 살아갈 수 있는 방법을 찾는 데 도움을 주는 내용이 담겨 있습니다.

이솝우화는 고대 그리스에 살았던 노예이자 이야기꾼인 아이소포스(이솝)가 지은 우화집입니다. 친숙한 동물들의 이야기가 우리 삶과 연결되어 교훈과 감동을 주어 오랫동안 널리 읽히고 있습니다.

인성 하브루타 실천 방법

하브루타의 시작은 어떤 주제로든 질문을 던지면 됩니다. 예를 들면, 길가에 떨어져 있는 빈 깡통이나 과자 봉지를 보았을 때 "길가에 버려진 깡통을 보면 어떤 생각이 들어?"라는 질문을 통해 대화의 물꼬를 틀 수 있습니다. 전시회장에 가기 전에는 미리 "전시회장에서 우리가 어떤 자세로 작품을 감상하면 좋을까?"로 이야기를 나눌 수도 있습니다. 이러한 질문에 답을 찾아가는 과정에서 꼬리에 꼬리를 물며 이야기를 나누다 보면 자연스럽게 '책임감', '배려', '존중', '너그러움', '친절' 등과 같은 가치에 대해 생각하고 토론하게 됩니다.

충분한 대화를 나누었다면 대화 속에서 내가 찾은 가치 단어에 대한 보편적 정의와 나만의 정의를 정리합니다. 내가 찾은 가치 단어에 대한 나만의 정의가 만들어졌다면, 나의 삶에 어떻게 적용하면 좋을지 이야기를 나눕니다. 실천에 대한 다짐과 계획으로 인성 하브루타를 마무리하면 좋습니다. 이렇게 일상에서의 질문과 대화는 나의 가치를 발견하고 생각과 행동이 가치 있는 삶으로 자연스럽게 이어지는 데 도움이 됩니다.

다시 정리하면 다음과 같습니다.
① 어떤 주제로든 질문을 던집니다.
② 질문을 통해 신나게 이야기 나눕니다. 이야기를 하다 보면 경험이 묻어납니다.
③ 질문과 대화로 이야기를 확장하고, 깊이 있게 나눕니다.
④ 질문과 대화 속에서 연결되는 가치 단어, 개념 단어들을 찾습니다.
⑤ 사랑, 정의로움, 좋음과 나쁨, 지혜와 지식 등의 개념에 대해 보편적 정

의와 다양한 상황 속에서의 정의를 찾습니다. 그리고 나만의 정의를 만들어 봅니다.

⑥ 내가 찾은 가치 단어들을 삶에 적용할 수 있는 방법을 찾습니다.

우리의 삶은 불확실하고, 과거에 비해 기준과 질서가 점점 더 모호해지고 있습니다. 이런 상황에서 아이들에게 '~해야 한다', '~해라'의 방식으로 '정직해야 한다', '배려해야 한다'를 가르치기에는 어려움이 많습니다. 이제 우리는 특정한 행동양식을 주입하는 것이 아니라 아이들이 스스로 생각하고 질문하여 보다 사려 깊게 상황을 판단하여 더 나은 결정을 내릴 수 있도록 도와야 합니다. 어떤 행동이 왜 옳은지, 그른지 아이들 스스로 생각할 수 있어야 합니다.

부모인 우리에게도 필요한 능력입니다. 아이들의 혼란과 어려움에 진솔하게 귀를 기울이고, 솔직하게 서로 질문하고 이야기하면서 함께 더 나은 답을 찾아가는 시간을 갖기 바랍니다. 그것이 인성 하브루타의 과정이자 철학하기입니다.

인성 교육을 하는 데 가르치는 것보다 더 좋은 방법은 몸소 보여 주는 것입니다. 철학하는 것의 목적은 행동하는 데에 있습니다. 질문하고 토론하며 찾은 답의 실천을 위해 함께 노력하는 것이 필요합니다.

내면의 힘을 키우는
버츄(미덕) 하브루타

버츄 프로젝트

대상 누구나
난이도 ★★☆☆☆
재미 ★★☆☆☆

#인성이 실력 #빛나는 미덕 #내면의 힘
#잠재력 #자존감

선정 이유

인성 하브루타를 시작하며 첫 번째로 버츄 프로젝트를 선정하게 된 이유
는 하브루타를 꽃피우는 데 버츄 프로젝트가 매우 큰 역할을 하기 때문입니
다. 하브루타는 질문과 토론입니다. 대화와 토론은 상대가 있어야 합니다.
그러므로 '관계'와 '언어'가 매우 중요합니다.

버츄 프로젝트는 "모든 사람의 인성의 광산에는 모든 미덕의 보석이 박혀 있다."는 기본 철학 위에 설계된 인성 교육 프로그램입니다. 이를 바탕으로 미덕의 안경을 쓰고 상대를 바라보고, 미덕의 언어로 말하는 것이 출발점입니다. 상대의 존재에 대한 '감사'와 '존중'이 출발점이 될 때 대화와 토론은 건강하고 긍정적으로 진행될 수 있습니다. 그래서 하브루타를 위한 튼튼한 기초 틀로 버츄 프로젝트를 제안합니다.

물론 '가치, 인성' 단어의 개념과 적용에 대해 다룬 카드나 프로그램은 시중에 많이 있습니다. 그럼에도 버츄 프로젝트를 선택한 이유는 52가지 미덕에 대한 정의와 실천 전략을 담은 버츄 카드와 관련 프로그램이 탁월하기 때문입니다. 여기에 실린 것은 극히 일부분이므로 제대로 활용하기 위해서는 한국버츄프로젝트의 정규 과정을 이수하기를 추천합니다. 이 책에서는 버츄 프로젝트의 기본 철학과 52가지 미덕의 개념을 하브루타에 활용하는 방법으로 소개합니다.

버츄 프로젝트를 알아보아요

버츄 프로젝트는 "모든 사람의 인성의 광산에는 모든 미덕의 보석이 박혀 있다."라는 가치로 출발합니다. 인류의 다양한 정신문화와 종교 전통을 연구한 결과 그 모든 가르침을 관통하는 보편적인 가치가 미덕이었습니다. 다양한 정신적 유산에 공통적으로 등장하는 300여 가지 미덕 가운데 52가지를 선별하였습니다.(워크북 8쪽 참고)

버츄 프로젝트는 1970년대 북미에서 당시 임상심리치료사였던 린다 캐벌린 포포프(Linda Kavelin Popov)가 어린이들이 일상생활 속에서 꾸준히 미덕을 연마해 나갈 수 있는 간단하고도 독특한 인성 교육 프로그램을 개발한 것이 출발점입니다. 1994년에는 유엔사무국으로부터 '모든 문화권에서 활용할 수 있는 세계적인 인성 교육 프로그램의 전형'이라는 인정을 받기도 했습니다. 한국에는 2003년에 도입되어 2006년에 한국버츄프로젝트, 그리고 2008년에는 비영리 사단법인 한국버츄프로젝트가 설립되어 보급하고 있습니다. 현재 미국은 물론이고 캐나다, 호주, 뉴질랜드 등 110여 개국에서 인성 교육 프로그램으로 활용되고 있습니다. 우리나라 역시 공교육은 물론 기업과 가정에서도 다양하고 폭넓게 활용되고 있습니다.

버츄 프로젝트 익히기

버츄 프로젝트를 생활 속에서 실천하기 위해서는 다섯 가지 전략이 있습니다. 이 책에서는 가장 중요하면서도 보다 폭넓게 활용하는 데 도움이 되는 두 가지 전략을 간략하게 알려 드립니다.

제1전략 - 미덕의 언어로 말하라

'미덕의 언어로 말하라'는 인성의 광산에 있는 미덕 보석을 깨우는 전략 중 하나입니다. 말이 생각이고 생각이 행동으로 뿜어져 나옵니다. 그 행동들이 모여 습관이 되고 '나'가 되는 것입니다. 어떤 언어를 사용하느냐에 따라 우리의 뇌는 자신과 세상을 바라보는 방식을 결정하기 때문입니다. 미덕의 언어를 사용하는 것이 중요한 이유이기도 합니다.

'미덕의 언어로 말하라'는 나와 상대의 행동과 말에서 '미덕'을 인식해, 그 미덕을 말해 주는 과정입니다. 예를 들면, 이솝우화 '개미와 베짱이'에서 개미에게 어떤 미덕을 말해 줄 수 있을까요? 개미가 한여름에 땀을 뻘뻘 흘리면서도 열심히 일하는 모습, 그 자체에서 개미가 발현한 미덕을 말해 주면 됩니다. 예를 들면, "개미야, 더운 여름에도 열심히 일하는 모습에서 '근면'의 미덕과 '목적의식'의 미덕을 보았어."라고 말할 수 있습니다. 이럴 때 개미의 근면과 목적의식을 개미의 '대표 미덕'이라고 말할 수도 있습니다.

이렇게 함께 읽은 책의 주인공이나 등장인물의 대표 미덕을 찾아보는 것도 '미덕의 안경'을 쓰고 말하는 연습이 됩니다. 더불어 일상생활 속에서도 서로의 미덕을 발견하고 말해 줄 수 있습니다. 하브루타 전후에 가족들의 미덕을 찾아주는 활동도 추천합니다.

제2전략 - 배움의 순간을 인식하라

'배움의 순간을 인식하라'는 실수나 실패, 어려움, 도전의 순간을 배움의 순간으로 인식하고 미덕을 연마하는 기회로 삼는 것을 말합니다. '개미와 베짱이'에서 추운 겨울을 맞닥뜨린 굶주린 베짱이는 이 과정을 통해 무엇을 배울 수 있을까요? 이를 통해 어떤 미덕을 연마해야 함을 배울 수 있을까요? 이것이 배움의 순간을 인식하여 '미덕'을 연마하는 계기로 삼는 의미입니다.

베짱이가 음악에 빠져 '열정'을 빛내는 동안 함께 빛내야 할 미덕을 찾는다면 무엇일까요? 너무 즐거움에 치우친 나머지 겨울 준비에 소홀했던 베짱이가 '사려' 깊게 미래를 예측하고, 고민했다면 어땠을까요? 조금은 더 준비된 겨울을 맞이했을 수 있겠지요. 이럴 때 베짱이에게 빛나는 대표 미덕은 '열정'이 될 수 있고, 연마해야 할 성장 미덕은 '사려'나 '근면'의 미덕이 될 수 있습니다.

실수로부터 배우고, 걸림돌을 주춧돌로 바꾸어 가며, 보다 나은 나를 만들어 가는 과정이 우리의 삶입니다. 우리 삶에서도 배움의 순간에 내가 연마해야 할 미덕을 찾아 성장하는 계기가 되면 좋겠습니다. 책을 읽으며 등장인물의 배움의 순간과 성장의 미덕을 함께 찾아 이야기 나누어 봐도 좋습니다.

그림책 『까만 코다』와 버츄 프로젝트 연결 활동

하얀 설원에 까만 점 같은 북극곰의 코는 사냥꾼의 눈에 띄어 타깃이 됩니다. 이때 어미 곰이 코다를 감싸 주고, 코다는 엄마의 코를 손으로 가려 주어 위기를 모면합니다. 어떤 미덕이 보이나요? 이렇게 두 등장인물이 각각 보여 주는 행동에서 빛나는 미덕을 찾아봅니다.

엄마 곰과 코다에게는 공통적으로 서로를 위하는 '사랑', '배려'의 미덕과 서로를 믿고 의지하는 '신뢰'의 미덕이 보입니다. 따로 본다면 엄마 곰에게는 코다를 지켜야겠다는 '목적의식'과 소중한 자녀를 지켜 주려는 '충직'의 미덕도 빛납니다. 또한 위기의 순간에 아기를 먼저 생각하는 엄마 곰에게서 자식을 사랑하여 나의 목숨은 생각하지 않는 '헌신'이 보입니다.

코다에게는 어떤 것이 보이나요? 자신은 돌보지 않고 나를 지켜 주려는 엄마를 위해 자신의 손으로 엄마 코를 덮어 주어 재치 있게 문제를 해결하였습니다. 이런 코다에게는 '사랑'과 '창의성'의 미덕을 찾을 수 있습니다.

이와 같은 방법으로 하브루타 짝에게도 미덕을 선물해 보세요. 예를 들면, "엄마가 말할 때 눈을 반짝이며 들어 주는 너에게서 '경청'과 '존중'의 미덕을 보았어. 엄마를 존중해 주어서 고마워."라고 말해 줍니다. 하브루타하는 과정은 물론 마무리에서 늘 미덕을 찾아 선물하며, 훈훈하고 따뜻한 시간으로 마무리하는 것도 강력 추천합니다.

미덕의 언어를 사용하면 이런 것도 좋습니다

미덕의 언어로 말을 한다는 것은 스스로 선택하고 실천하는 힘을 길러 줍니다. 내 안의 잠재된 미덕을 스스로 깨우고 실천했다는 인식은 자존감을 더욱 단단하게 해 줍니다. 더 나아가 더 좋은 행동을 실천하게 하는 동기부여가 됩니다.

잘못했을 때에 지적하여 꾸짖으면 수치심을 갖게 됩니다. 자신이 가장 무의미하게 느껴지는 순간은 수치심을 갖게 될 때입니다. 수치심을 갖도록 훈계하고 지도하는 것은 문제를 해결하는 것도, 예방하는 것도 되지 못합니다. 오히려 관계만 나빠지고 야단맞은 아픈 마음에 상처만 남길 뿐입니다. 이때 야단치거나 꾸짖지 않고, 잘못한 상황을 '배움의 순간'으로 인식하고 깨워야 할 성장 미덕을 찾아보는 것입니다. 무엇이 잘못되었는지, 어떻게 해야 할지 찾을 수 있어야 스스로 성장할 수 있습니다.

미덕의 언어와 친해지는 방법

미덕의 언어를 사용한다는 것은 우리가 가지고 있는 미덕을 활용하기만

하면 됩니다. 단지 익숙해지는 데 시간이 걸릴 뿐입니다.

앞으로 이어지는 하브루타에서 연습 삼아 미덕을 찾아보세요. 찾다 보면 등장인물들의 행동뿐만 아니라 상황과 사물, 자연에서도 미덕을 찾을 수 있게 됩니다. 그러다 보면 어느새 미덕의 언어가 낯설지 않고 친근하게 느껴지게 됩니다. 더 자세히 배우고자 한다면 한국버츄프로젝트의 문을 두드리세요. 한국버츄프로젝트에서 제공하는 워크숍과 버츄 카드 등의 다양한 도구는 버츄를 내면화할 뿐만 아니라 미덕이 삶을 인도하게 하는 데 도움이 될 것입니다.

연계도서 및 참고사항 📚

『그 아이만의 단 한 사람』, 권영애 지음, 아름다운사람들, 2016.
『자존감, 효능감을 만드는 버츄프로젝트 수업』, 권영애 지음, 아름다운사람들, 2018.
한국버츄프로젝트(http://www.virtues.or.kr/)

외나무다리에서 만난 두 염소

이솝우화

대상 누구나
난이도 ★★★☆☆
재미 ★★★★☆

#원수는 외나무다리에서 #진정한 배려
#공존 #내가 제일 잘났다

선정 이유

외나무다리에서 만난 두 염소는 이야기책에 따라 다양한 결말이 있습니다. 어떤 이야기는 힘겨루기를 하다가 결국 둘 다 물에 빠집니다. 또 다른 이야기는 한참 싸움을 하던 두 염소가 위험을 느껴 서로 양보하며 무사히 외나무다리를 건넙니다. 부모 세대는 이 이야기를 통해 양보와 배려를 배웠습니다. 하지만 우리 아이들이 살아가는 지금의 세상에서는 무조건적인 배려와 양보를 가르치기보다 진정한 배려가 무엇인지 고민하고, 갈등 상황을 해결할 수 있는 방법이 무엇인지 대화로 찾아가는 과정을 가르쳐 주어야 합니다. 결론이 제시되지 않은 이야기를 통해 아이와 함께 그 과정을 경험해 보세요.

이야기의 줄거리

어느 날, 두 염소가 외나무다리 위에서 만났어요. 두 염소는 서로 양보없이 자기가 먼저 다리를 건너겠다고 뿔을 치고받으며 싸웠어요. 두 염소는 어떻게 될까요?

1. 도입

① 이야기의 제목으로 말문을 엽니다.

- '외나무다리에서 만난 두 염소' 이야기를 알고 있니?

- 외나무다리에서 두 염소가 만나면 어떤 일이 생길까?

② 짝과 한 문장씩 번갈아 가며 읽습니다.

③ 내용 확인 퀴즈 놀이를 합니다.(이야기 릴레이를 통해 내용을 확인해도 됩니다.)

- 외나무다리는 어디에 놓여 있나요?

- 내용 확인 퀴즈 놀이는 이야기 내용을 제대로 알고 있는지를 확인하는 활동입니다. 욕심을 내어 너무 작은 부분까지 확인하려 하지 않습니다. 이야기의 핵심을 파악할 수 있는 두세 가지의 질문만 합니다.

2. 전개

① 궁금한 것을 질문으로 만듭니다.

② 질문을 공유한 후 짝의 질문 중에 하나를 골라 그 질문을 만든 이유를 물어봅니다.

③ 나의 대표 질문을 고릅니다.

④ 자신의 질문에 스스로 답을 찾고 고민하는 시간을 가집니다.

⑤ 각자의 대표 질문으로 이야기를 나눕니다.

⑥ 외나무다리를 무사히 건널 수 있는 다양한 방법을 찾아봅니다.

② 질문을 공유하면서 가장 마음에 드는 나의 질문과 짝의 질문에 한 개씩 스티커를 붙여 주는 놀이를 해도 좋습니다. 스티커를 붙여 준 짝의 질문이 마음에 든 이유도 서로 말해 줍니다.
③ 아이가 대표 질문으로 두 개를 고르고 싶어 한다면 허용합니다. 꼭 한 개여야만 할 이유는 없습니다.

3. 마무리

① 두 염소의 미덕을 찾아 이야기 나눕니다.(워크북 8쪽 참고)

　- 염소가 이미 가지고 있는 미덕은 무엇일까?

- 염소에게 필요한 미덕은 무엇일까?

② 워크북의 감정 단어에 동그라미하고, 그 단어들을 활용해 하브루타 소감을 나눕니다.

- 감정 단어를 활용해 하브루타를 한 시간이 서로에게 어떻게 느껴졌는지 나누는 시간입니다. 서로를 응원하고, 다독이는 시간으로 만들어보세요. 이 부분을 활용해 감정일기를 써도 좋습니다.
- 초등 고학년 이상은 워크북의 '나만의 메시지' 형식으로 생각을 정리하고, 내면화하는 것을 추천합니다.

하브루타 에피소드 및 참고 질문

익숙한 이야기라서 아이들에게 먼저 알고 있는 줄거리를 물었습니다. 다 듣고 나서 결말이 다른 이야기라 하니 더 궁금해했습니다. 덕분에 호기심을 안고 출발했습니다. 하브루타를 1년 이상 하고 있는 7세 딸, 11세 딸, 12세 아들의 질문입니다.

- 왜 두 염소는 서로 양보하지 않으려고 했을까?
- 왜 나무다리를 좁게 만들었을까?
- 만약에 두 염소가 조금씩만 양보했더라면 어떤 일이 일어났을까?
- 누가 먼저 건너야 할까?

- 외나무다리 말고 다른 길은 없었을까?

- 내가 만약 흰 염소라면 검은 염소를 처음 만났을 때 어떻게 이야기했을까?

- 두 염소가 이 문제를 해결할 방법은 뭘까?

- 내가 염소였다면 힘으로만 해결하려 했을까?

- 만약에 다리가 무너져서 한 염소만 떨어졌다면 다른 염소는 후회했을까?

아이는 예전에는 "두 염소가 욕심이 많아서 벌 받았네."라고 생각했는데 하브루타 후에는 "서로 조금씩 양보했으면 좋았을 텐데 왜 그런 생각을 못 했을까?" 하는 생각이 들었다고 합니다. 이 과정에서 자신의 경험을 이야기하며, "나는 그때 내가 그냥 양보해 줬어. 다음에도 기회는 있으니까."라고 말했습니다. 아이들의 경험과 생각을 나눌 수 있어서 좋았습니다.

뿐만 아니라 '양보'와 '문제해결'에 대해서도 차분히 이야기 나눠 보는 시간이 되었습니다. 익숙한 이솝우화지만 질문과 토론으로 만나면 가볍게 지나칠 수 있는 문제들에 대해 다시금 생각해 보는 계기가 됩니다. 염소의 모습에서 우리를 발견하기도 하고, 더 나은 선택은 무엇인지 고민해 보는 시간도 가질 수 있습니다.

연계도서 및 참고사항

『구덩이에서 어떻게 나가지?』, 기무라 유이치 글, 다카바타케 준 그림, 북뱅크, 2011.
『다리』, 하인츠 야니쉬 글, 헬가 반쉬 그림, 주니어 RHK, 2011.
『이솝으로 배우는 같이[가치] 학교』, 강지혜 글, 상상의 집, 2015.

1. 역할 놀이

|준비물| 가위, 고무줄 두 개(워크북 12, 13쪽 참고)

① 워크북 12쪽을 이용해 두 염소가 어떻게 문제해결을 할지 대사를 넣습니다.
② 워크북 13쪽을 이용해 가면을 만들어 역할극을 합니다.
③ 역할극 후에는 뒷이야기를 더 다양하게 상상해 봅니다.

2. 다양한 뒷이야기 생각해 보기

버전 1

외나무다리가 흔들거렸지요. 두 염소는 균형을 잃고 쓰러졌어요.
"헉 떨어진다. 염소 살려!"
결국 두 염소는 개울에 풍덩 빠지고 말았답니다.
"아이고 이럴 줄 알았으면 양보할걸."

버전 2

두 염소는 싸움을 그쳤어요.
"이런 위험한 곳에서 싸우다가는 골짜기 아래로 떨어지고 말 거야."
흰 염소가 말하자 검은 염소도 고개를 끄덕였어요.
"내가 엎드릴 테니 나를 타 넘고 가도록 해."
두 염소는 아무도 다치지 않고 무사히 다리를 건넜어요.

뱀의 머리와 꼬리

탈무드

대상 초등 전학년
난이도 ★★☆☆☆
재미 ★★★★☆

#너랑 나랑 #흥, 내 맘대로 안 돼 #슬픈 결말
#나는 어떤 타입? #어우, 답답해!

선정 이유

올바른 삶을 살아가기 위해서는 무엇보다 삶을 이끌어 주는 명확하고 타당한 도덕적 가치가 필요합니다. 아이들은 살아가면서 매일 맞닥뜨리는 상황에 어떻게 대처해야 하는지를 어릴 때부터 배워 나가야 합니다. 자신의 선택이 자신은 물론 다른 사람들에게 어떤 영향을 미치고 어떤 결과를 불러오는지, 옳은 일은 무엇이고 그른 일은 무엇인지, 그 둘은 어떻게 다른지도 알아야 합니다.

탈무드에는 존중, 정직, 선의, 책임감, 공동체 의식, 감사, 믿음 등 인간 존재의 기본적인 가치, 윤리적 행동 기준이 담겨 있습니다. 오랜 세월 변함없이 이어 내려온 지혜가 담긴 탈무드는 오늘날의 아이들에게 필요한 도덕적 가치를 일깨워 줄 수 있도록 돕는 지침서입니다.

이야기의 줄거리

뱀의 꼬리는 늘 못마땅했어요. 머리랑 같은 몸인데 항상 머리가 가는 대로만 졸졸 따라다녀 불만이었습니다. 그래서 어느 날 머리에게 자신이 앞장서겠다고 고집을 피웠습니다. 하는 수 없이 머리는 꼬리와 역할을 바꾸기로 하였습니다. 머리와 꼬리는 어떻게 되었을까요?

- 텍스트 출처 :『너무 지혜로워서 속이 뻥 뚫리는 저학년 탈무드』, 김정완·서유진 글, 유정연 그림, 키움, 2017.

1. 도입

① 워크북 14쪽의 '달팽이' 그림을 보고 어떤 놀이인지 추측해 봅니다.

（준비물 : 연필, 눈 가릴 손수건 2명당 1장)

② TIP의 '나만 믿고 따라와~´ 놀이 방법을 일러 줍니다.

③ 이 놀이를 위해서 각자 어떤 미덕을 빛내야 하는지 서로 이야기 나눕니다.

④ 2인 1조가 되어 각각 머리와 꼬리 역할을 정한 후 놀이를 진행합니다.

⑤ 놀이를 하고 난 후의 소감을 나누며, 각 역할의 보완할 점을 찾습니다.

⑥ 머리와 꼬리 역할을 바꿔 한 번 더 놀이를 진행한 후 소감을 나눕니다.

- '나만 믿고 따라와~' 놀이를 할 때, 한 명은 머리, 한 명은 꼬리로 역할을 정합니다. 머리가 알려주는 대로 꼬리는 눈을 가린 채 연필로 따라갑니다. 머리는 친절하게, 구체적으로 길을 알려 주어야 합니다.
처음에는 생각보다 어려울 수 있습니다. 천천히 서로 호흡을 맞춰 보세요.
놀이를 더 하고 싶어 하면, 워크북 17쪽의 '별'그림으로 도전해 보세요.

2. 전개

① 제목만 보고 내용을 유추하여 한 문장 글짓기를 합니다.

　- 뱀의 머리와 꼬리는 사이좋은 친구입니다.

　- 뱀의 머리와 꼬리는 싸웠습니다.

② 서로가 지은 한 문장을 소개하고 대화를 나눕니다.

③ 서로 한 문장씩 번갈아 가면서 소리 내어 탈무드를 읽고, 순서를 바꿔 한 번 더 읽습니다.

④ 탈무드를 읽고 궁금한 질문을 만듭니다.

⑤ 각자 만든 질문을 서로 공유하며, 서로의 좋은 질문을 칭찬합니다.

⑥ 나의 질문 중에서 대표 질문을 한 개씩 골라 함께 다양한 해답을 찾아봅니다.

⑦ 각자의 대표 질문을 통해 추가 질문을 만들어 토론합니다.

   ① 제목만 가지고 까만놀이(36쪽 참고)를 해도 좋습니다. 내용을 다 읽
     은 후 혹은 이야기를 나눈 후 '나만의 제목'을 지어도 좋습니다.
   ⑤ 마음에 드는 짝의 질문을 나의 워크북에 옮겨 적는 활동을 추가해도
     좋습니다.

3. 마무리

① 이 내용이 말하려고 하는 것은 무엇인지 '한 줄 문장 쓰기'를 한 후 이야

기를 나눕니다.

② 나의 메시지와 연결한 미덕 단어와 그 이유를 찾고, 미덕 단어에 대한 나

만의 정의와 나의 실천 계획을 적어 봅니다.(워크북 8쪽 참고)

③ 이 모든 과정을 함께하며 발견한 서로의 미덕을 선물합니다.

- 너와 다른 생각을 말하는 형의 생각을 인정해 주는 모습에서 '이해'와 '존중'의

  미덕을 발견했어.

  • ①, ②번을 모두 간단히 기록한 후 한꺼번에 발표해도 됩니다.
  • 버츄 카드가 있을 경우, 내가 찾은 메시지의 '버츄' 카드를 뽑아 앞뒷면
   을 낭독해 보는 것도 좋습니다. 낭독 후 마음에 드는 문장도 이야기해
   보세요.

"머리가 길을 찾아가는 역할을 하면 꼬리는 어떤 역할이 있을까?" 이 질문은 초등 3학년 딸의 질문이었습니다. 아이는 "머리가 길을 찾아간다면 꼬리도 자신의 역할이 있지 않을까요? 꼬리가 있어야 길을 갈 수 있잖아요. 왜 꼬리는 자신이 하는 일에 대해서는 생각해 보지 않았을까요?"라며 꼬리의 자존감과 명예를 이야기했습니다. 질문은 이야기의 물꼬를 틔워 줄 뿐만 아니라 생각의 확장까지 이끌어 줍니다.

'서로의 의견이 다를 때는 어떤 방법이 좋을까?'와 같은 질문으로 현명한 문제해결 방법과 의사소통 방법 등을 찾아보아도 좋습니다. 아이들과 질문을 통해 다양한 이야기를 나누는 시간이 되기를 바랍니다.

- 왜 꼬리는 긍정적으로 생각하지 못했을까?

- 뱀의 몸통도 머리가 앞에 가니까 불만이 있지 않았을까?

- 머리가 길을 찾아가는 역할을 하면 꼬리는 어떤 역할이 있을까?

- 머리는 왜 불구덩이에 가는 꼬리를 말리거나 막지 못했을까?

- 왜 이 이야기를 쓴 걸까?

- 꼬리는 왜 이렇게 불만이 많은 걸까?

- 꼬리는 어떤 계기로 자신이 앞서가겠다는 생각을 했을까?

- 서로의 의견이 다를 때는 어떤 방법이 좋을까?

연계도서 및 참고사항

『나의 영원한 세 친구』, 헬메 하이네 글·그림, 혜문서관, 2009.(절판)

『입이 똥꼬에게』, 박경효 글·그림, 비룡소, 2008.

『초등학생 때 꼭 읽어야 하는 탈무드 지혜 동화 7가지』, 김미정 글, 허한우, 김서희 그림, 스코프, 2013.

하브루타 후 즐거운 놀이로 연결할 수도 있습니다.

1. 기차놀이(장소가 넓을 경우)

|준비물| 눈가리개(손수건)

① 기차 머리, 기차 몸통, 기차 꼬리를 정합니다.
② '나만 믿고 따라와~' 놀이처럼 기차 머리를 제외한 몸통, 꼬리는 손수건으로 눈을 가립니다.
③ 중간중간 장애물을 설정해 두고 리더인 기차 머리의 말을 듣고 기차가 움직입니다.
④ 기차 머리의 말을 잘 듣고 장애물을 통과합니다.
⑤ 놀이를 마친 후 어떤 점이 좋았는지, 어떤 점이 힘들었는지 이야기 나눕니다.

2. 양파링 놀이(장소가 좁을 경우)

|준비물| 빨대, 양파링(구멍 있는 과자), 그릇

① 어깨가 닿을 정도의 간격으로 나란히 섭니다.
② 맨 앞 사람이 빨대에 양파링을 끼워서 다음 사람 빨대로 양파링을 옮깁니다.
③ 이때 손을 사용하면 안 됩니다.
④ 맨 뒷사람은 받은 양파링을 그릇에 담습니다.
⑤ 놀이를 마친 후 어떤 점이 좋았는지, 어떤 점이 힘들었는지 이야기 나눕니다.
⑥ 모은 양파링을 나누어 먹습니다.

질문으로 스스로 답을 찾아가는 힘

'꿀떡 같은 인성'

'다른 사람의 입장과 바꿔 생각하는 것이다.'

인성 하브루타를 하고 난 뒤 아이들이 인성에 대해 정리한 문장입니다. '꿀떡 같은 인성'이 무슨 뜻인지 물으니 '개떡 같은 인성'의 반대라고 말하는 막내의 말을 들으며 한바탕 크게 웃었습니다.

아이들이 커 가면서 엄마를 아끼고 사랑하는 마음도 함께 커지는 걸 느낍니다. 엄마가 아프면 집안일도 해 주고, 이불도 덮어 주고, 다리도 주물러 주는 삼남매 덕분에 고맙고 행복합니다. 하지만 늘 웃음과 행복이 넘치지는 않습니다. 확실하고 분명했던 가치관이 엄마라는 이름 앞에 무너집니다. 어느 순간 사소한 일로 아이들과 서로 얼굴을 붉히는 힘든 일상에서 탈출하고 싶

104

었습니다. 무엇보다 편안하고 행복한 일상을 꿈꾸었습니다.

방법을 찾기 위해 책을 읽기 시작했고 도움이 될 만한 교육을 찾아 듣기 시작했습니다. 그때 만난 것이 책으로 질문하고 대화하는 하브루타입니다. 덕분에 잔소리가 줄었습니다. 책 속의 등장인물들이 전해 주는 메시지는 더 효과적이었고 스스로 질문하고 답을 찾는 과정에서 아이들은 더 크게 성장할 수 있었습니다. 그리고 아이들과 하브루타를 하면서 책을 읽고 어린 시절의 경험을 나누고 공감하는 것 자체가 훌륭한 인성 교육이 될 수 있다는 것도 알게 되었습니다.

원인과 해결 방법까지 스스로 찾아나서는 아이들

아이들과 '외나무다리에서 만난 두 염소'라는 이솝우화로 하브루타를 한 날의 이야기입니다. 두 염소가 외나무다리 위에서 힘겨루기를 하는 것을 보고 아이들은 "왜 힘으로 해결하려고 했을까?", "두 염소는 왜 서로 양보할 생각은 하지 않았을까?"라는 질문을 했습니다. 그리고 자연스럽게 친구와 오해로 힘겨루기를 했던 경험과 친구와 험한 말이 오고 갔던 경험을 떠올렸습니다. 두 아이 모두 조금 더 깊이 생각하고 서로를 이해하며 대화로 해결했더라면 좋았을 것 같다고 후회를 했습니다.

본격적으로 질문 만들기를 하면서 놀랍게도 아이들은 갈등 상황만 생각하는 것이 아니라 왜 그런 갈등이 일어났는지 그 '원인'을 찾기 시작했습니다. "염소들은 왜 골짜기를 건너야만 했을까?", "두 염소는 서로에게 왜 먼저 건너고 싶은지 물어보지 않았을까?", "처음부터 부드럽게 말했다면 좋지 않았을까?" 등의 질문을 통해 아이들은 본인의 경험을 떠올리며 친구의 입장에서 생각해 보지 않았다는 걸 깨달았습니다.

다음은 해결 방법을 찾아내는 질문들을 만들었습니다. "둘 중에 누가 먼저 길을 건너야 할까?" 이유를 들어 보면 굳이 싸움으로까지 번지지 않았을지도 모른다는 생각에서 나온 질문입니다. "외나무다리 말고 다른 길은 없었을까?" 둘 다 건너야 한다면 굳이 한 가지 방법만 고집하지 말고 다른 방법을 찾는 것도 좋은 방법일 수 있다는 생각에서 나온 질문입니다.

"대화가 아닌 힘으로만 해결하려고 하는 것은 아이들이기 때문에 방법을 몰라서 그런 것이다. 교육을 통해 알려 주면 된다. 그리고 폭력성은 유튜브나 텔레비전을 보고 자신도 모르게 배운 것이므로 영상물을 볼 때는 연령에 맞게 봐야 한다."며 구체적인 방법도 찾아냈습니다.

"아이들 사이에는 싸움이 일어날 수 있다. 어른들이 성급하게 아이들 싸움에 끼어들어 해결하려 하지 말고 조금 기다려 준다면 싸움 당시에는 몰라도 시간이 지나면 '내가 왜 그렇게 했을까?' 스스로 뉘우칠 수도 있고 그 자리에서 해결 방법을 찾을 수도 있다. 그러므로 기다려 줘야 한다."고 말했습니다. 어른들도 어린아이였을 때가 있었을 텐데 어른이 되는 순간 그 기억들을 다 잊어버리는 것 같다며 어른이라는 단어가 아예 없으면 좋겠다고 말했습니다.

하브루타로 성장하는 엄마와 아이들

그날은 막내에게 배우는 시간이었습니다. 막내는 '내가 물에 빠질까 봐 두려워하고 걱정하는 마음'에서 양보하고 배려하는 건 진정한 배려가 아니라고 강조했습니다. 그래서 이 이야기는 진정한 바름을 보여 주지도, 다양한 문제해결 방법을 보여 주지도 못한다고 말했습니다. 이런 아이의 말을 듣고 질문과 토론의 힘을 고스란히 느꼈습니다. 제가 막연하게 생각하고 있던 배려와 양보에 대해 다시금 질문할 필요가 있음을 제대로 깨달았습니다.

저는 단지 아이들과 이솝우화 한 편을 읽고 경험을 나누고 질문을 만들고 공감하며 이야기를 나누었을 뿐인데 갈등의 원인, 해결 방법, 사람에 대한 진심 어린 이해와 배려까지 스스로 찾아내는 아이들을 보며 얼마나 기쁘고 행복했는지 모릅니다. 우화 한 편으로 엄마와 아이들 모두 성장하는 소중한 시간이었습니다.

오늘도 엄마는 아이들 때문에 울고 웃으며 천국과 지옥을 오갑니다. 하지만 우리가 눈맞춤하며 나누는 질문과 대화가 더 깊게, 우리 삶에 스며들면 우리 아이들이 자기 목소리를 내면서도 남을 배려할 줄 아는 용기 있고 마음 따뜻한 아이로 성장할 거라고 믿습니다.

"아이들이 당신 말을 듣지 않는 것을 걱정하지 말고 그 아이들이 항상 당신을 보고 있음을 걱정하라."는 로버트 풀검의 말을 마음속에 새기며 아이들이 자신의 속도대로 성장할 수 있도록 아이를 존중하고 저부터 질문과 토론에 더 익숙해져야겠다는 다짐을 합니다.

명화
하브루타 가이드

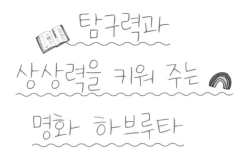

탐구력과 상상력을 키워 주는 명화 하브루타

'명화' 하면 어떤 것이 떠오르나요?

반 고흐의 「해바라기」, 「별이 빛나는 밤에」, 뭉크의 「절규」, 레오나르도 다 빈치의 「모나리자」, 김홍도의 「씨름」 등 몇몇 작품이 떠오르기도 할 것입니다. 이름만 들어도 '아! 나도 그 그림 알아.'라는 반응이 나올 정도로 우리에게 익숙하고 유명한 그림들입니다.

그럼 여러분이 생각하는 명화란 어떤 것인가요? 유명한 그림, 세계적으로 유명한 작가의 그림, 오래된 그림, 미술관에 걸린 그림 또는 비싼 그림 등 우리가 생각하는 명화 개념은 비슷합니다. 명화는 '아주 잘 그린 그림 또는 유명한 그림', '그림을 잘 그려 이름난 사람' 등의 사전적 의미를 담고 있습니다. 그런데 그림에 대한 평가는 주관적이기에 하나의 그림을 보고도 사람마다 생각이 다르고 가치가 다를 수 있습니다. 명화의 가치는 우리 스스로 매기는 것이 아닐까 하는 생각이 듭니다. 이제 막 크레파스를 잡기 시작한 아이가 어딘가에 끄적인 흔적도 명화가 된다고 생각합니다. 누군가는 낙서로 볼 수도 있지만, 누군가는 그 그림에 감동하고 새로운 의미가 새겨지기 때문입니다.

명화 하브루타의 힘

그렇다면 명화(그림)를 통해 얻을 수 있는 장점은 어떤 것이 있을까요? 어렸을 때부터 명화를 보고 자란 아이들은 시각이 다채로워진다고 합니다. 처음에는 하나의 그림일 뿐이지만 그림을 감상하다 보면 그림의 힘과 이야기를 느낄 수 있고 자연스럽게 즐거운 배움으로 이어집니다. 보고 느낀 것을 그림으로 표현해 보는 활동도 할 수 있으니 아이들의 감성 자극에 그림만한 것은 없다고 생각합니다.

명화 하브루타는 하나의 그림을 정한 뒤 그 그림에 대해 궁금한 것을 질문으로 만들어 이야기를 나누는 것입니다. 그림에 질문이 더해지면 자세히 관찰하게 되고 지적 호기심이 생깁니다. 관찰의 힘이 생기면 풍부한 상상력으로 즐거운 대화를 이어 갈 수 있습니다. 그렇게 되면 그림이 어렵지 않고 즐겁게 다가옵니다. 또한 그림을 조금 더 정확하게 분석하며 볼 수 있는 안목도 기를 수 있습니다.

명화 하브루타 준비 전 체크 사항

그림을 고릅니다. 하브루타를 하기 위해 정해진 그림은 없습니다. 유명 화가의 그림도 좋고 아이들이 좋아하고 익숙한 그림도 가능합니다. 초·중·고등학교 교과서에도 다양한 명화가 실려 있습니다. 교과서에서 골라도 좋습니다. 혹시 주변에 전시 중인 화가의 작품이 있다면 그 작품으로 하브루타 후 전시회에 가는 것도 좋습니다.

고른 그림의 해설과 관련된 책을 준비합니다. 예를 들어 고흐의 작품을 골랐다면, 해당 작품의 해설이 담긴 책이나 고흐와 관련된 책 등을 준비합니다. 왜냐하면 명화 하브루타는 질문하고 이야기를 나눈 후 우리만의 해석과 화가와 전문가의 해석을 연결하여 재정리하는 것까지 필요하기 때문입니다. 다만 책으로 확인하기 전에 충분히 이야기 나누기를 추천드립니다. 질문을 만들거나 이야기를 나누는 도중에 검색을 하면 추론과 상상은 멈춰지고, 외부의 정보를 수용하는 것으로 빠지기 때문입니다. 질문하고 상상하는 시간을 충분히 가진 후 탐구심을 발휘한다면 전문적인 정보가 머릿속, 마음속에 쏙쏙 들어와서 알알이 박히는 것이 고스란히 느껴질 것입니다.

그림의 제목과 작가는 미리 공개하지 않으면 더 재미있게, 호기심 가득하게 진행할 수 있습니다. 하지만 이미 익숙하게 알고 있는 그림이라도 하브루타로 만나면 새로운 시선으로 본 또 다른 그림이 됩니다.

명화 하브루타의 기본 흐름

① 그림을 보며 떠오르는 단어, 느낌 나누기 등을 한 후 그림에 대한 자신

만의 제목을 짓습니다.

② 그림을 보며 궁금한 것을 질문으로 만듭니다.

③ 질문으로 서로의 느낌과 생각을 이야기 나눕니다. 이때 사실적인 답이 있는 질문도 충분히 상상, 추론해 봅니다.

④ 그림과 화가에 대한 사실적인 정보를 찾아봅니다.(관련 자료를 찾아보면 풀리지 않았던 질문의 해답을 찾는 즐거움도 맛볼 수 있습니다.)

⑤ 마무리는 그림에 대해 새롭게 알게 된 사실을 서로에게 말로 설명합니다. 지식이 내 것이 되는 과정입니다. 그림 패러디하기로 직접 그려 보아도 되고, 화가에게 편지를 쓰거나 느낀 점 나누기, 명화 에세이 쓰기 등을 할 수 있습니다.

⑥ 관련 전시회가 있다면 연계하여 관람합니다.

명화 하브루타 방식은 이미지에 해당되는 모든 소재로 가능합니다. 한 컷의 광고 사진, 영화의 한 장면, 신문의 보도사진, 벽화 등으로도 응용할 수 있습니다.

연계도서 및 참고사항 📚

『그림은 위로다』, 이소영 지음, 홍익출판사, 2015.
『똑같은 빨강은 없다』, 김경서 지음, 창비, 2018.
『방구석 미술관』, 조원재 지음, 블랙피쉬, 2018.
『한눈에 반한 세계 미술관』, 『한눈에 반한 우리 미술관』, 『한눈에 반한 민화 미술관』, 장세현 지음, 사계절, 2012.

한 입만
(Give me a bite)

앙리 쥘 장 조프로이

대상 유아 6세~ 초등 저학년
난이도 ★☆☆☆☆
재미 ★★★★☆

#추억 소환 #나도 뺏겨 봤다
#넘치는 상상력 #내껀 내가 지킨다

선정 이유

천진난만한 어린이의 모습에서 살며시 미소가 피어납니다. 그 미소 속에 어린 시절의 추억이 떠오르는 부모라면 아이에게 그 추억을 들려주어도 좋습니다. 지금의 우리 아이들은 이 그림에서 어떤 느낌과 생각을 가질까요? 유아들에게 쉽게 다가갈 수 있는 이 그림으로 서로의 경험과 감정을 함께 나누는 시간이 되면 좋겠습니다.

작품 설명 및 작가 소개

　한 입만(Give me a bite) : 3명의 아이 표정이 모두 다릅니다. 한 아이가 들고 있는 빵을 두 아이가 뚫어지게 바라봅니다. 한 아이의 시선은 빵을, 한 아이는 빵을 들고 있는 아이 얼굴을 쳐다보고 있습니다. "한 입만." 하고 말한 다음일까요? 말하기 직전일까요? 화가가 이 작품에 대해 남겨 놓은 글은 없지만 우리는 다양한 해석을 할 수 있습니다. 그림 속 세 아이는 저마다 어떤 생각을 하고 있을까요?

～～～～

앙리 쥘 장 조프로이(Henry Jules Jean Geoffroy/1853~1924)는 어린이들의 맑은 표정과 동심을 그림에 담은 프랑스 화가입니다. 그는 1900년 세계박람회에서 금메달을 수상하면서 대중성과 작품성 두 마리 토끼를 잡는 데 성공합니다. 말년에는 최고의 영예라는 레종 드 뇌르 훈장도 받았습니다.

아이들의 모습에 주안점을 둔 그의 작품은, 파리 시내 곳곳에 걸려 있어 쉽게 볼 수 있었습니다. 이런 면에서 가장 대중적인 인기를 얻었다고 평가할 수 있습니다.

앙리 쥘 장 조프로이의 그림에는 어린아이가 많이 등장합니다. 「한 입만」처럼 작품마다 아이들의 표정이 생생하고 상황이 뚜렷합니다. 제목을 맞히는 재미도 쏠쏠합니다. 작가의 다른 작품들을 찾아 아이와 함께 활동해 보기를 권합니다.

■ 추천 작품
어린 주부들, 나눠 먹자, 사로잡힌 관객들, 문제 풀기, 소소한 즐거움, 지각생

하브루타 가이드

1. 도입

① 아이와 함께 그림을 보고 느낌을 나눕니다.

- ○○야~ 우리 그림 여행 떠나 볼까?

- 오늘 우리가 볼 그림은 이 그림이야. 어떤 느낌이 들어?

② 그림을 덮은 뒤 어떤 그림이었는지 퀴즈를 내거나, 기억에 남는 것에 대해 번갈아 가면서 이야기를 나눕니다.

- 그림 속에 아이들이 몇 명 있었지?

③ 각자 제목을 지은 후 제목과 이유에 대해 서로 이야기를 나눕니다.

- 이 그림의 제목은 뭘까? 나만의 제목을 지어 볼까?

• 방금 본 그림을 설명할 수 있게 아이와 번갈아 가면서 이야기를 나눕니다.

• 아이의 제목을 듣고 칭찬과 함께 이유도 물어봅니다.

• '나만의 제목 짓기'는 작품명을 알고 있어도 가능합니다.

2. 전개

① 아이와 그림에서 궁금한 점을 질문으로 만듭니다.

- 우리 이 그림에서 궁금한 것을 말해 보자. 이 그림에서 뭐가 궁금해?

② 각자가 만든 질문을 공유하고, 궁금한 것에 대해 이야기를 나눕니다.

③ 부모와 아이 모두 그림 속의 장면과 연결된 경험에 대해 나누며 그때의 기분에 대해서도 이야기합니다.

- 엄마도 어렸을 때 이 그림과 비슷한 경험이 있어. 어떤 경험이냐면~

- ○○야, 너는 유치원(학교)에서 이런 적 있었니?

① 아직 글을 쓰지 못하는 아이는 엄마가 아이의 질문을 적어 주면 좋습니다. 대화에 집중하고 싶다면 녹음하는 방법도 추천합니다.

③ 부모의 어린 시절 이야기를 듣는 아이들의 눈이 반짝일 것입니다. 또한 아이의 유치원 생활이나 경험을 자연스레 알 수 있는 데 도움이 됩니다. 그 마음을 알아주고 아이의 마음을 공감해 주는 것도 좋습니다.

3. 마무리

① 하브루타 후 등장인물들의 말풍선을 채우고 스토리를 만듭니다.

- 우리 이 그림에 이야기를 만들어 볼까? 이 아이들은 지금 어떤 생각을 하고 있을까? 혹은 어떤 생각을 할지 말풍선에 넣어 보자.

• 아이가 혼자 만들기 힘들어하면 엄마와 번갈아 가면서 이야기를 만들어 봅니다.

"얘들아 오늘은 이 그림으로 이야기를 나눠 보자"

"어? 친구들이네?"

"맞아. 친구들이야. 그림을 보니 어떤 느낌이 들어?"

"뺏으려고 그러는 것 같아. 그래서 싸우는 것 같아 보여."

"아, 그렇게 보이는구나. 왜 싸운다고 생각했어?"

아이들이 그림에 호기심을 보이자 명화 하브루타는 자연스럽게 시작되었습니다.

느낌 나누기에 이어 제목도 지었습니다. 작은아이의 제목은 '숲속의 이야기하는 아이들'입니다. 이유를 물었더니, "친구들이 숲에 모여서 이야기하고 있잖아. 나도 숲에서 친구들이랑 무슨 놀이를 할지 모여서 이야기해."라고 답합니다. 숲에서 활동하는 시간이 많은 유치원에 다니다 보니 자연스럽게 자신의 경험을 연결하여 말하는 것이었습니다.

이처럼 그림 감상은 자신의 경험과 생각에 따라 느낌과 해석이 모두 다릅니다. 그림에 대한 지식을 전달하는 것을 목적으로 하지 않고, 아이와 즐겁게 이야기를 나누는 것에 의미를 두었더니 아이의 생활 이야기, 놀이 이야기가 넝쿨째 따라 옵니다. 그리고 자신만의 그림 감상법을 찾아갑니다. 엄마가 욕심을 내면, 그림 공부가 되어 버립니다. 하브루타를 한 지 3년 된 7살, 9살 딸들의 질문을 참고하여 공부가 아닌 즐거운 그림 감상의 시간이 되면 좋겠습니다.

- 이 친구들은 몇 살일까?

- 어느 계절일까?

- 엄마는 어디에 있을까?

- 아빠도 같이 왔을까?

- 여긴 숲속일까? 동네일까?

- 저 친구들은 흰 옷 입은 아이 손에 들고 있는 것을 무엇으로 보았을까?

- 내가 만약 저 아이들의 엄마였다면 같이 놀아 줬을까?

- 저 아이가 들고 있는 것은 인형일까? 파이일까?

- 3명은 모두 남매일까? 동네 친구들일까?

- 왜 양말을 짝짝이로 신었을까?

- 내가 만약 저 여자아이였다면 내가 들고 있는 맛있는 것을 먹어 보라고 한 입

  씩 줬을까?

1. 내가 가장 좋아하는 것들 표현하기

|준비물| 워크북 20쪽, 색연필, 사인펜

아이와 함께 바구니의 빈칸에 좋아하는 것들을 그려 보거나 글로 적고 그 이유를 나눕니다.

2. 화가의 다른 작품으로 이야기 나누기

인터넷에는 화가의 다른 작품들이 많이 있습니다. 찾은 그림의 제목도 이야기 나누고, 연결하여 이야기 만들기를 해도 좋습니다.

3. 나만의 상상 그림책 만들기

|준비물| A4, 가위(칼), 풀, 사인펜

121쪽의 설명을 보고 '8쪽 종이책'을 만듭니다. 그런 다음 「한 입만」의 앞 이야기, 뒷이야기를 각자의 그림이나 글로 표현해서 나만의 책을 만들어 봅니다. 제목 짓기도 합니다. 만든 것을 공유하면서 함께 이야기를 나누고 격려합니다.

8쪽 종이책 만드는 법

① 종이를 8등분으로 접어서 점선 부분을 칼이나 가위로 자른 다음 화살
표 방향으로 접습니다.(칼은 엄마가 사용해 주세요.)

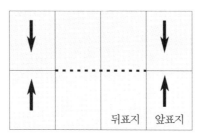

② 종이를 화살표 방향대로 밀어 십자가 모양을 만듭니다.
(위에서 본 그림)

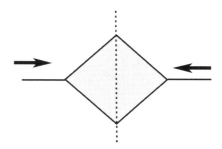

③ 앞, 뒤표지를 포함한 8쪽 종이책이 완성됩니다.(위에서 본 그림)

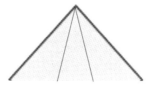

④ 칼로 자른 부분을 딱풀로 고정하면 사용하기 더 편합니다.

가족

에바 알머슨

대상 초등 3학년 이상
난이도 ★★☆☆☆
재미 ★★★★☆

#행복은 만드는 것 #나도 화가! #음~ 행복해~
#무슨 일이 있었을까? #좋아 좋아 좋아~

선정 이유

에바 알머슨은 "우리가 사랑하는 것들, 우리를 변화시키고 우리를 강하게 만들거나, 혹은 나약하게 만드는 모든 것들이 우리의 평범한 일상 속에 존재하며, 이 모든 것들은 여기 우리 가족과의 삶에 녹아 있다."고 말합니다. 그래서 그녀의 그림에는 자신과 가족이 많이 등장합니다. 우리가 가족들과 하브루타를 하는 이유도 사랑하는 가족들과 함께 변화하고, 성장하는 평범한 일상을 만들기 위함입니다. 하하 호호 웃음소리가 들리는 에바 알머슨의 그림으로 이야기꽃을 피워 보기를 바랍니다.

작품 설명 및 작가 소개

가족 : 에바 알머슨은 이 작품을 통해 가족, 반려동물과의 관계 속에서 경험하는 아름다움과 행복을 표현합니다. 화가 스스로 자신의 작품은 '느낌'과 '감정'에 기반을 두고 있다고 말하듯이, 이 작품에는 가족에 대한 사랑과 따뜻하고 행복한 감정이 그대로 드러납니다. 그리고 그녀가 속삭입니다. "사랑하는 사람과 보내는 시간의 소중함을 잊지 마세요."

〰〰〰

에바 알머슨(Eva Armisen, 1969~)은 바르셀로나 대학에서 미술학위를 취득한 스페인 출신 화가입니다. 일상생활 속 사소한 순간들을 담고 있는 그녀의 작품들은 평범한 것들을 특별한 차원으로 전환함으로써 누구에게나 기뻐하고 행복할 만한 무언가가 있다는 것을 생각하게 해 줍니다. 우리나라와도 특별한 인연이 있습니다. 2016년 제주 해녀 프로젝트에 참여해 고희영 작가의 『엄마는 해녀입니다』에 그림을 그렸습니다. 그 밖에도 『내 마음이 말할 때』, 『엄마 얘기 좀 들어보렴』 등의 그림책에도 그림을 그렸습니다.

1. 도입

① 그림을 자세히 관찰하고, 생각나는 단어나 느낌을 적습니다.

- ○○는 그림을 보니 어떤 생각이 떠오르니?

② 서로가 적은 단어를 살펴보고 그 이유에 대해 이야기 나눕니다.

- 와우! 멋진 단어들이 떠올랐구나. 이 단어가 떠오른 이유는 뭐니?

③ '나만의 제목'을 짓고 왜 그 제목을 지었는지 이야기 나눕니다.

- 예) 행복의 웃음 - 왜냐하면 모두 행복하게 웃고 있어서

- 그림으로 까바놀이를 해도 좋습니다.(35쪽 참고)
- 단어를 떠올리기 힘들어하는 아이는 그림에서 보이는 것들을 찾아 적는 것도 좋습니다.
- 찾은 단어로 빙고 게임을 하거나, 단어를 조합하여 그림에 스토리를 입혀도 좋습니다.

2. 전개

① 그림을 관찰하며 질문을 만듭니다.

- 어떤 질문이든 다 괜찮아. 질문을 만들어 보자.

② 짝과 질문을 공유하고 대표 질문을 선정하여 이야기를 나눕니다.

③ 질문에 답을 찾으면서 그림 속의 이야기들을 마음껏 상상해 봅니다.

④ 질문에 대해 충분히 이야기를 나눈 후 그림과 화가에 대해서 정보를 찾

아봅니다. 관련 도서나 인터넷을 활용해서 찾아봐도 좋습니다.

⑤ 그림을 보며 이야기 만들기를 진행해도 좋습니다.

　① '만약 내가 ~라면'으로 시작하는 질문도 만들어 봅니다.

3. 마무리

① 하브루타한 후에 새롭게 알게 된 사실이나 느낀 점 등을 정리하여 적습
　니다.

② 에바 알머슨이 그린 그림책을 읽어 주며 마무리합니다.

　• '연계도서 및 참고사항'(126쪽)과 '추가 활동 아이디어'(127쪽)에 에바
　　알머슨이 그린 그림책 목록과 다양한 활동이 있습니다. 마무리 활동은
　　아이가 관심 있어 하는 부분을 선택해서 하면 좋습니다.

"마지막 인생 사진일까?"

"왜 마지막 인생 사진이라는 생각이 들었니?"

"할머니가 돌아가시기 전에 주말마다 친척들이 모여 여행을 다니고 가족
사진을 찍었거든요. 그땐 왜 그러는지 알지 못했어요. 이 그림을 보니 왜 그

랬는지 알겠어요. 그래서 떠오른 질문이에요."

초등 4학년 아이의 이유를 듣는 순간 눈물이 핑 돌았습니다. 그림을 통해 전해져 온 아이의 사랑이 저를 울컥하게 했습니다. 그림이 가진 힘입니다. 이 그림을 함께 감상하며 나눌 여러분의 질문과 대화를 기대합니다. 다음 질문은 하브루타를 한 지 2년 된 초등 3, 4학년들의 질문입니다.

- 모두 한 가족일까?

- 이 그림에 있는 사람들은 항상 행복할까?

- 다 웃고 있는 이유는 뭘까?

- 이 사람들은 각자의 스타일을 보여 주고 있을까?

- 행복을 그림으로 그릴 수 있을까?

- 마지막 인생 사진일까?

- 스케이트보드를 들고 있는 아이와 농구공을 들고 있는 아이의 성격이 닮은 걸까?

- 다들 자기가 아끼는 것을 들고 있는 걸까?

연계도서 및 참고사항

* 주변에 전시회가 열리는지 확인해 보세요.
『내 마음이 말할 때』, 마크 패롯 글, 에바 알머슨 그림, 웅진주니어, 2019.
『모두 식탁으로 모여 봐!』, 마크 패롯 글, 에바 알머슨 그림, 웅진주니어, 2019.
『엄마는 해녀입니다』, 고희영 글, 에바 알머슨 그림, 난다, 2017.
『주인공은 너야』, 마크 패롯 글, 에바 알머슨 그림, 웅진주니어, 2019.

1. 우리 가족의 행복한 장면을 OHP 필름으로 남기기

|준비물| 유성매직(네임펜), OHP필름, 투명 테이프

가족사진을 한 장 골라 그 위에 OHP 필름을 놓고 유성매직(네임펜)을 사용하여 본뜹니다. 본뜬 그림 옆에 육하원칙에 맞춰 간단하게 기록합니다. 색다른 기억의 한 장면이 될 것입니다.

2. 에바 알머슨 그림 따라 하기

|준비물| 도화지, 색종이, 가위, 풀, 사인펜

색종이를 8면으로 접은 후 맨 윗면에 꽃그림을 그려 가위로 오립니다. 여러 가지 꽃 모양을 만들어 에바 알머슨 그림 따라 하기를 합니다.

3. 내가 생각하는 행복한 순간 표현하기

|준비물| 도화지, 꽃스티커, 사인펜

꽃 스티커를 활용하여 에바 알머슨처럼 내가 생각하는 행복한 순간을 표현하고 글을 씁니다.

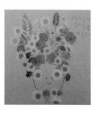

사랑

전이수

대상 초등 저학년 이상
난이도 ★★★☆☆
재미 ★★★☆☆

#상상은 신난다 #사랑의 힘 #불가능을 가능하게 하는
#사랑이란? #마음껏 그릴 준비

선정 이유

사슴 앞에서 몸을 숙인 사자와 그런 사자의 이마에 입을 맞추는 사슴의
모습은 어떤 관계를 나타내는 것일까요? 전이수는 이 두 동물로 사랑을 표
현합니다. 이 그림 옆에는 '사랑'이라는 제목의 짧은 글이 함께합니다.

사슴의 눈높이를 감안하여 몸을 숙인 사자의 모습에선 상대를 배려하고
사랑하고 있음을 느낄 수 있습니다. 사슴 또한 그 사자 앞에서는 인진힘 을

알고 가까이 다가갈 수 있습니다. 서로에 대한 믿음과 사랑이 있기 때문입니다. 정말 사랑은 불가능을 가능하게 하는 것이 아닐까 싶습니다. 이 작품을 통해 내가 생각하는 사랑, 사랑의 힘에 대해 이야기를 나누며 사랑을 더 적극적으로 표현할 수 있기를 바랍니다.

작품 설명 및 작가 소개

사랑 : "불가능을 가능하게 하는 것이 바로 사랑이다. 사랑은 꿈에도 생각지 못한 상상마저도 뛰어넘을 수 있는 다리를 가지고 있다." 45개의 글과 그림으로 구성된 전이수의 『나의 가족, 사랑하나요?』에 소개된 작가의 표현입니다.

전이수(2008~)는 사남매의 맏이이며, 2018년 SBS「영재발굴단」방송으로 널리 알려진 어린이 동화작가입니다. 푸른 제주도의 자연 속에서 그림을 그리고 글을 씁니다. 8살에 첫 그림책『꼬마 악어 타코』를 세상에 선보이고, 이후『걸어가는 늑대들』,『새로운 가족』,『나의 가족, 사랑하나요?』등의 그림책을 꾸준히 펴내고 있습니다. 사랑, 우정, 꿈, 자연, 가족, 생명에 대한 이야기를 많은 사람과 나누고 싶다는 소박한 희망으로 이야기를 짓고 그림을 그리면서 자신의 많은 이야기를 그 속에 담아내고 있습니다.

하브루타 가이드

1. 도입

① 그림의 앞부분을 가린 채, 사슴의 꼬리부터 조금씩 보여 줍니다.

   - 짜잔! 이건 뭘까? 과연 무엇일까? 왜 그렇게 생각해?

② 사슴 그림을 본 느낌, 생각을 이야기 나눕니다.

③ 사슴 앞을 여전히 가린 채, 사슴 앞에 무엇이 있을지 상상하고 그 이유를
   이야기 나눕니다.

   - 원래 그림에는 사슴 앞에 뭔가 있단다. 뭐가 있을지 우리 함께 상상해 볼까?

   - 와~ 사슴 앞에 ○○이 있을 거라고는 상상도 못했는데 네 이유를 듣고 보니
     더 흥미롭구나. 아주 재미있어.

   • 그림을 가리고 사슴의 꼬리부터 조금씩 보여 주며 과연 무엇일지 상상
     해 보는 활동은 아이의 호기심을 자극합니다.
   • 상상하기 영역인 만큼 사슴 앞에는 무엇이든 상상할 수 있습니다. 아
     이의 생각과 상상을 존중합니다.

2. 전개

① 전체 그림의 사자와 사슴을 본 느낌을 이야기 나눕니다.

② 그림에 대한 나만의 제목을 지어 보고 이유를 함께 나눕니다.

③ 그림을 관찰하며 궁금한 것을 질문으로 만듭니다.

④ 질문으로 아이와 함께 이야기를 나눕니다.

⑤ 그림의 제목을 알려 주고 생각을 이야기 나눕니다.

 - 이 그림의 제목은 「사랑」이란다. 작가는 왜 제목을 '사랑'이라고 지었을까?

⑥ 작가 전이수에 대한 영상을 함께 봅니다.

⑦ 영상을 보고 난 후 느낌을 이야기 나눕니다.

 ③ 질문의 개수보다는 아이가 궁금해하는 내용에 초점을 맞추어 이야기 나눕니다.
 ⑥ 영상 자료(유료)
   - SBS 「영재발굴단」 172회 '힐링 소년 동화작가 전이수, 네 번째 책에 담은 이야기'
   - 전이수 작가가 직접 운영하는 유튜브 채널도 있습니다.

3. 마무리

① 전이수가 쓴 그림의 메시지를 함께 읽습니다.

 - 그림의 메시지를 읽으니 어떤 생각이 들었어?

② 내가 생각하는 '사랑'을 글과 그림으로 표현합니다.

 - 너는 사랑을 뭐라고 생각해? 어떤 것이 떠오르니?

 - 사랑을 글과 그림으로 한 번 표현해 볼까?

③ 그림에 날짜, 사인을 하고 아이가 원하는 장소에 붙여 둡니다.

 • 동시로 표현하거나, 말로만 표현해도 됩니다.

우리 가족은 하브루타를 만난 지 4년이 되었습니다. 다양한 하브루타 시간 중에도 명화 하브루타 시간을 가장 흥미로워합니다. 이번 그림에서 작은 아이는 사자가 사슴을 잡아먹을 수 있기에 사슴이 무서웠을 거라며, "내가 사슴이라면 사자 앞에 서는 게 두렵지 않을까?"라고 질문했습니다.

큰아이는 자신이 죽을지도 모르는 상황인데 사슴의 표정이 너무나 따뜻하다며 두 동물 사이의 관계를 궁금해했습니다. 그러다 보니 자연스럽게 "두려움이 없는 관계가 되려면 어떤 것들이 필요할까?"라는 질문으로 이어졌습니다. 우리 가족이 가장 많이 이야기를 나눈 질문입니다.

대화를 통해 우리가 찾은 메시지는 아빠는 '신뢰', 큰아이는 '존중', 작은 아이는 '사랑'입니다. 그렇게 우리만의 메시지를 찾은 후 작가가 남긴 그림의 메시지 '사랑'을 함께 읽고 각자가 생각하는 '사랑'에 대한 이야기로 마무리했습니다. 이 작품으로 하브루타를 하면서 우리 서로가 두려움이 없는 관계가 되기를 응원하는, 사랑이 가득한 하브루타 시간이었습니다.

- 이 그림을 그린 사람은 누구일까?

- 이 그림의 제목은 무엇일까?

- 작가는 어떤 마음으로 이 그림을 그렸을까?

- 내가 사슴이라면 사자 앞에 서는 게 두렵지 않을까?

- 사자와 사슴은 어떤 관계일까?

- 사자는 왜 사슴 앞에서 온몸을 숙이고 있을까?

- 사자와 사슴의 눈에는 어떤 감정이 담겨 있을까?

- 이 그림에는 어떤 메시지가 담겨 있을까?

- 사슴은 사자를 신뢰하는 것인가?

- 그림 이전에 이 둘 사이에는 어떤 일이 있었을까?

- 두려움이 없는 관계가 되려면 어떤 것들이 필요할까?

- 나라면 사슴처럼 나를 해칠 수 있는 동물 앞에 당당히 설 수 있을까?

연계도서 및 참고사항

『걸어가는 늑대들』, 전이수 글·그림, 엘리, 2017.
『꼬마 악어 타코』, 전이수 글·그림, 엘리, 2017.
『나의 가족, 사랑하나요?』, 전이수 글·그림, 주니어김영사, 2018.
『마음이 처음 만들어졌을 때부터』, 전우태·전이수 글, 전이수 그림, 김영사, 2019.
『새로운 가족』, 전이수 글·그림, 2017.

1. '사랑'을 글과 그림으로 표현하기

|준비물| 클레이, 8절 도화지, 색연필, 사인펜

사랑이란 복잡한 단어예요.
따뜻한 마음으로
따뜻한 한마디를 심고
사랑하는 마음으로
말을 뱉어요.

이 샘플은 클레이를 활용했습니다. 이 밖에도 8절 도화지에 표현해도 좋습니다. 집에 있는 재료를 이용해서 내가 생각하는 사랑을 글과 그림으로 표현해 봅니다. 사랑에 대한 마음을 글로 표현하기 힘들 때는 아이가 한 말을 듣고 그림 빈자리에 그 내용을 적어 주면 좋습니다.

2. 사랑액자 만들기

|준비물| 스칸디아모스 이끼, 사진, 집에 있는 재료

집에 있는 재료를 이용하여 내가 생각하는 사랑 액자를 만들어 봅니다. 사진은 공기 정화용 스칸디아모스 이끼와 나무 조각들을 활용해서 꾸몄습니다. 이 밖에도 크  레파스로 사랑이 가득한 그림이나 '사랑' 하면 떠오르는 그림을 그려도 좋습니다 혹은 아이가 좋아하는 사진을 종이에 붙인 다음 알록달록 꾸미고 '사랑' 메시지를 적어 봅니다.

그림이랑
대화하는 시간

"주세페 아르침볼도의 「봄」이나 「채소 기르는 사람」은 어때요?"

"구스타브 카유보트의 「비 오는 날」은 어떨까요?"

이런 대화를 나눌 수 있다는 것이 참 신기합니다. 명화 하브루타가 아니었다면 몰랐을 수도 있는 화가들과 작품들입니다. 하브루타로 명화를 감상한 시간이 쌓이자 다양한 화가와 작품에 대해 스스럼없이 주고받고 있는 제 모습을 발견합니다. 이것이 명화 하브루타의 힘입니다. 한 명의 화가, 하나의 그림을 제대로 깊이 있게 들여다보고 이야기를 나눈 후라서 오래 기억에 남아 저의 지식이 되어 쌓입니다.

얼마 전에는 작은아이와 화가 에바 알머슨의 전시회에 다녀왔습니다. 우리는 화가의 전시회를 보러 갈 때 그냥 무작정 가지 않습니다. 명화 하브루타를 하고 갑니다. 이 날도 미리 에바 알머슨의 그림을 살펴보고, 질문과 이야기를 나눈 후에 전시회장을 찾았습니다. 가기 전에 작은아이가 가장 궁금해했던 질문은 "왜 에바 알머슨은 남자를 대머리로 그리는 걸까?"였습니다. 궁금한 것을 해결하기 위해 전시회장 구석구석을 누비던 아이가 드디어 답을 알아냈다고 저한테 와서 으스댑니다. 저는 벽에 있는 모든 글을 빠짐없이 읽고도 못 찾았는데, 아이는 찾은 거지요. 어떻게 찾았을까요? 전시회장의 안내원에게 물었다고 합니다. 에바 알머슨의 남편 모습을 그린 거라는 걸 아이 덕분에 알게 되었습니다.

전시회에 가기 전에 '질문'을 품고 가고, 그림을 보면서 스스로 질문하고, 그 질문에 대한 자신만의 답과 느낌을 자유롭게 표현할 줄 아는 과정을 자주 거치면서, 전시회가 즐겁고, 낯선 화가들과 작품들이 친숙해지는 과정이 명화 하브루타의 가장 큰 효과입니다.

그림을 감상하는 또 다른 방법

함께 하브루타를 하는 동료 선생님이 미국에서 지내는 동안 큰 도시로 여행 다니면서 많은 미술관에 들렀다고 합니다. 어느 날 한 무리의 유치원 아이들이 미술관 바닥에 앉아 있는 신기한 광경을 목격했다고 합니다. 우리나라 아이들은 미술관에 단체로 가면 줄지어 입장하고 퇴장하는 모습이 비일비재한데, 그 아이들은 하나의 그림 앞에서 30분이고 1시간이고 2시간이고 앉아서 감상하고 뭔가를 쓰고, 선생님과 이야기를 하는 모습을 본 것입니다. 그 모습을 관찰한 동료 선생님의 말입니다.

"너무 기가 막혔어요. 평생을 살면서 이런 경험을 단 한 번도 해 본 적이 없어 억울한 기분도 들었습니다. 늘 미술관에 갈 때면 오디오를 대여해 작품 해설을 들으며 스스로 대견해했던 제 자신이 초라하게 느껴졌습니다."

여러분은 어떠세요? 미술관에서, 전시회장에서 남들이 좋다고 하는 그림 앞에 서 있지 않나요? 이제는 내가 보기에 좋은 그림, 혹은 내가 좋아하는 그림을 찬찬히 들여다보세요. 그리고 그림 속 이야기를 한 번 상상해 보세요. 인상파인지, 야수파인지, 추상화, 정물화인지가 중요한 것이 아니라 그 그림에서 내가 어떤 이야기를 읽어 내고, 상상하는지에 집중해 보세요. 이 과정에서 '스스로' 그림에 대한 질문을 떠올리는 것이 시작입니다. 그 질문이 꼬리를 물어 이야기를 상상하고 나면, 더 나아가 진짜 그림에 대해 알아야 할 것들이 궁금해집니다. 그렇게 진짜 궁금해서 찾은 정보는 내 것이 됩니다.

알고 나면 보이나니!

"엄마, 저기 좀 보세요. 몬드리안 작품이랑 닮았어요." 2년 전에 피에트 몬드리안의 「빨강 파랑 노랑의 구성」 작품으로 명화 하브루타를 한 작은아이는 여행지에서, 혹은 영화 속에서, 길을 걷다가 정말 자주 몬드리안을 소환합니다. 그만큼 몬드리안의 작품은 여러 기관의 건축과 실내 디자인, 상품 디자인 등에 많이 쓰이고 있습니다. 알고 나면 보이지요. 그때 작은아이는 '왜 몬드리안은 사각형만 활용했을까?'를 가장 궁금해했어요. 그리고 단순하면서도 리듬감 있는 몬드리안 그림을 제대로 읽어 냈습니다. 뿐만 아니라 그림 속 분할된 네모 칸의 가장 큰 네모에 '행복'이라고 써 넣어서, 보는 저를 흐뭇하게도 했습니다. 각각의 네모 속에 무엇이 담길지, 저는 한 번도 생각해 본 적이 없었던지라 아이가 쓴 '행복'이라는 글자가 더 크게 와 닿았습니다.

물론 이 그림으로 하브루타를 하면서, 피에트 몬드리안의 생애에 대해서도 알아보고, 그의 다양한 작품과 그림 세계의 특징을 살펴보며, 지식적인 부분도 함께 채웠습니다. 명화에 대한 지식적인 부분까지 즐겁게 채워 간다는 것이 명화 하브루타의 최대 장점이기는 하지만 이보다 더 큰 장점은 작은아이와 저만의 추억입니다. 몬드리안의 그림으로 머리를 맞대고, 함께 질문하고 이야기를 나눈 그 경험. 오래도록 제 마음속에 남아 있듯이 우리 아이의 마음에도 남아 있습니다. 그래서 자라는 내내, 성인이 되어서도 몬드리안 그림을 보면 그 순간을 소환해 낼 겁니다. 제가 그렇듯이.

사실 이것은 명화 하브루타만의 장점이 아니라 가족이 함께 질문하고 이야기하는 과정이 주는 선물입니다. 아주 익숙한 고흐의 그림이든, 교과서 속 풍속화든 마음에 드는 그림을 함께 바라보며 질문하고 이야기하는 호기심과 탐구심이 풍성한 시간을 꼭 경험해 보세요. 아울러 그림에 나의 마음을 빗대어 표현해도 좋습니다. 그림이 내 마음을 대신 표현해 주기도 하니까요. 그 과정에서 꼭 기억하세요. 우리는 저마다 같은 그림을 다르게 느끼고, 다르게 볼 수 있다는 사실을요! 그 다름을 인정하는 순간, 선물 같은 시간을 경험할 거예요.

동화
하브루타 가이드

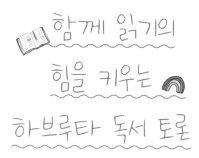

함께 읽기의
힘을 키우는
하브루타 독서 토론

그림책과 동화책의 차이는 무엇일까요? '둘 다 같은 것이 아닌가? 그래도 그림책이랑 동화책은 좀 다르지!'라고 생각할 수 있습니다. 쉽게 말해서 그림책은 그림이 중심이 되는 책이고, 동화책은 그림의 여부와 상관없이 텍스트가 중심이 되는 책입니다. 이런 이유로 동화 하브루타는 문장의 의미와 행간의 의미를 파악하고 유추하기 위한 질문과 추론 능력을 키우기 좋은 소재입니다.

동화 하브루타는 우리에게 익숙한 전래동화부터 철학동화, 역사동화, 창작동화, 더 나아가 청소년 소설 등을 말합니다. 지금까지 앞에서 다루어 온 소재와 다른 점은 글의 분량이 많아졌다는 점입니다. 그림책이나 명화, 이솝우화 등의 소재는 미리 읽어 오지 않아도 함께 읽고 진행할 수 있습니다. 그

140

런데 동화 중에서도 글이 많은 동화는 미리 읽어야만 진행이 가능합니다. 하브루타를 할 때도 각자 책을 1권씩 가지고 있어야 진행이 원활합니다. 가족 하브루타를 할 때에도 책을 1권만 가지고 진행하기에는 불편하므로 도서관을 활용해 적어도 2명당 1권씩은 책을 준비하는 것이 좋습니다.

이 책에서는 글의 분량이 부담 없는 동화를 골라 실었습니다. 조금 수월한 책으로 하브루타를 시작한 후에 좀 더 두꺼운 책에 도전하기를 응원합니다.

동화 하브루타 방법

동화 하브루타는 앞서 진행한 하브루타와 동일하게 읽고, 질문하고, 토론하는 방식으로 진행하면 됩니다. 또한 다양한 해석을 열어 두어야 하는 것도 마찬가지입니다. 전래 동화 '흥부와 놀부'를 예로 들어 보겠습니다. 이 동화가 우리에게 주는 메시지는 무엇일까요? 일반적인 권선징악만을 다루고 있을까요? 흥부처럼 착하게 살아야 하고 선을 베풀어야 한다는 틀에 박힌 이야기를 하자는 걸까요? 물론 이 주제도 나쁘지는 않습니다. 다만 하브루타 시간에는 정답이 없다는 전제를 두고 열린 마음으로 토론하면 좋습니다.

'왜 수많은 새 중에서 제비가 등장했을까?'의 질문으로 철새 공부도 할 수 있고, '왜 착한 흥부 부대찌개가 아니라 놀부 부대찌개라는 상호가 생겼을까?'라는 질문으로 20분 동안 논쟁을 벌일 수도 있습니다. 이렇게 아이들의 질문을 살리면, '흥부와 놀부'로 슬로리딩 10차시 과정도 짤 수 있는 것이 바로 하브루타의 힘입니다.

함께 읽기의 힘을 키우는 독서 토론 방법

　동화 하브루타는 '독서 토론' 형식으로 진행할 수도 있습니다. 기존의 다양한 독서 토론 과정에서 하브루타의 '질문'과 '짝토론' 형식을 추가, 변형한 방법입니다. 『하브루타 질문 독서법』에 상세히 수록되어 있습니다. 여기서는 워크북 62쪽의 양식을 토대로 간단하게 소개합니다. 아울러 이 책에는 『엄마 때문이야』 동화책을 독서 토론 형식으로 안내했습니다.

　하브루타 독서 토론 모형은 우선 사회자 즉 토론 리더가 있어야 합니다. 토론 리더는 시간 안배와 전체적인 과정을 진행하며 독서 토론의 안내자 역할을 합니다. 초반에는 부모가 먼저 토론 리더 역할을 하고, 익숙해지면 자녀들도 번갈아가며 진행합니다. 진행 방법은 다음과 같습니다.

① 제목과 표지에 대한 느낌을 나눕니다. 또한 책의 재미와 교훈 등을 기준으로 별점을 매기고, 그 이유에 대해서도 함께 발표합니다.

② 마음에 드는 문장 혹은 필사하고 싶은 문장을 소리 내어 읽고, 그 문장을 고른 이유를 발표합니다. 이때 발표하는 사람이 필사 문장을 낭독하면 다른 사람은 눈으로 따라 읽습니다.

③ 책 속 주인공의 경험이나 상황을 나의 경험과 연결하여 나눕니다.

④ 책을 읽은 후 궁금한 점을 질문으로 만듭니다. 인원이 4명 이상일 경우 1:1로 질문을 공유하고 대표 질문을 뽑습니다.

⑤ 대표 질문을 모아 토론 흐름에 맞춰 순서대로 배열합니다. 순서대로 다양한 해석과 해답을 찾으며 토론합니다.

⑥ 하브루타 후 책에서 찾은 나만의 메시지를 발표합니다. '느낀 점, 깨달

은 점, 실천할 점'을 써도 되고, 한 줄 문장으로 정리해도 좋습니다.

⑦ 하브루타 독서 토론을 한 소감을 나눕니다.

⑧ 하브루타 독서 에세이를 씁니다. 의무는 아니지만 쓰면 더 좋습니다.

이 방법은 동화책을 미리 읽어 온 것을 전제로 합니다. 또한 읽기 전에 하브루타 독서 토론 방법을 안내하여, 책을 읽으며 사전에 준비할 수 있도록 하면 더욱 효과적으로 진행할 수 있습니다.

진행 중에는 서로의 생각을 깊이있게 경청하고 존중하면 됩니다.

실제 위와 같은 방법으로 많은 부모들이 독서 토론 모임을 운영하고 있습니다. 가까운 곳의 하브루타 모임에 적극적으로 참여하거나 워크북 62, 63쪽의 양식을 활용해 스스로 하브루타 독서모임을 만들어 운영하는 것을 추천합니다. 그 모임을 통해 질문하고 대화하는 하브루타 질문 독서에 익숙해지는 연습을 할 수 있기 때문입니다. 다른 사람들의 질문을 듣고 이야기를 하면서 '아! 저런 질문도 할 수 있구나!', '아! 저렇게도 해석할 수 있구나.' 하며 본인의 생각을 조금씩 넓힐 수 있습니다. 이러한 적극적인 자세는 내 아이에게 또 다른 색깔과 더 넓은 질문으로의 연결을 가능하게 해 주리라 기대합니다.

당나귀 실베스터와
요술 조약돌

윌리엄 스타이그 글·그림, 이상경 옮김, 다산기획.

대상 초등 3학년 이상
난이도 ★★☆☆☆
재미 ★★★★☆

#변해라 얍! #슈렉 작가였어 #요술 조약돌에는 지니가 없어
#이럴 수가 행운인 줄 알았더니! #1년 동안 묵언수행
#온몸이 찌뿌둥

선정 이유

　윌리엄 스타이그는 "아이들은 인류의 희망이다. 아이들이 세상을 바꿀 수 있게 하려면 삶을 낙관하는 일에서부터 출발해야 한다."고 이야기합니다. 이러한 마음으로 펴낸 책 『당나귀 실베스터와 요술 조약돌』은 유쾌한 상상력이 돋보입니다. 신기한 행운을 발견해 낸 주인공 실베스터가 곤경에 처하게 되고 무언가를 간절히 바라게 됩니다. 아이들은 책을 읽으며 실베스터의 소원이 이루어지기를 함께 응원해 주고, 마법같이 이루어진 일들에 자신도 행복해합니다. 신기한 행운, 간절한 소원, 펄쩍펄쩍 뛸 정도의 행복, 모든 것이 담겨 있는 이 동화를 통해 아이들이 긍정적인 마음으로 성장하기를 기대합니다.

작품 설명 및 작가 소개

조약돌을 모으는 취미가 있는 꼬마 당나귀 실베스터는 어느 날 빨간 조약돌을 줍습니다. 그 빨간 조약돌은 손에 쥐고 말만 하면 그대로 이루어지는 마법의 조약돌입니다. 기쁜 마음으로 엄마, 아빠에게 가던 실베스터 앞에 사자가 나타납니다. 너무 놀란 실베스터는 순간 "내가 바위로 변했으면 좋겠네."라고 말해 버렸고, 그대로 바위가 됩니다. 한편 이 사실을 모르는 실베스터의 가족들은 실베스터를 찾아 애타게 돌아다닙니다. 이 이야기는 어떻게 결말이 날까요?

〰〰〰

글쓴이 윌리엄 스타이그는 1907년 뉴욕에서 태어났습니다. 그림책 작가가 되기 전에는 「뉴스위크」에서 '카툰의 왕'으로 꼽힐 정도로 인기 있는 카투니스트로 활동했으며, 본격적으로 그림책 작가가 된 것은 61세 때부터입니다. 『멋진 뼈다귀』로 그해 가장 뛰어난 그림책 작가에게 주는 칼데콧 상을 받았으며, 『아벨의 섬』, 『치과 의사 드소토 선생님』으로 뉴베리 명예상을 받았습니다. 그 밖에 『부루퉁한 스핑키』, 『아모스와 보리스』, 『아빠랑 함께 피자 놀이를』등의 대표작이 있으며, 애니메이션으로 제작된 『슈렉』도 그의 작품입니다.

하브루타 가이드

1. 도입

① 책 표지를 보고 까바놀이 혹은 까만놀이를 진행합니다.

② 책 제목과 표지 그림을 보고 어떤 이야기가 펼쳐질지 상상하여 스토리를 만들어 봅니다.

- 까바놀이와 까만놀이는 35, 36쪽에 수록되어 있습니다.

2. 전개

① 한 문장씩 읽기, 한 페이지씩 읽기, 잘못 읽으면 다음 차례가 읽기 등 다양한 방식 중 원하는 방법으로 낭독하며 읽습니다. ☁

② 엄마와 아이가 줄거리를 릴레이로 말합니다. ☁

 - 실베스터가 요술 조약돌을 찾았습니다.

 - 그리고 집에 가려다 사자를 만났습니다.

③ 책을 읽고 궁금한 질문을 적습니다.

④ 만든 질문을 서로 공유하며 다양한 질문을 살펴봅니다. 짝의 질문 중 마음에 드는 질문은 "좋은 질문을 만들어 줘서 고마워."라고 말하고 내 워크북에 옮겨 적어도 좋습니다.

⑤ 질문 중에서 꼭 이야기를 나누고 싶은 대표 질문을 정하여 깊게 이야기 나눕니다. ☁

① 낭독하는 방법을 아이와 의논합니다.

② 줄거리 릴레이는 이야기 흐름을 알기 위한 정도로만 간단히 합니다.(보지 않고 전체 줄거리를 한 번에 전달하기를 해도 좋습니다.)

⑤ 아이가 고르지 않은 질문이어도 함께 이야기 나눌 수 있습니다.

3. 마무리

① 하브루타 후 미덕을 찾아 나만의 한 줄 메시지를 써 봅니다. 등장인물에게 미덕을 선물해 주어도 좋고, 이야기를 읽고 나와 연결된 미덕을 찾아보는 것도 좋습니다.

② 나의 소원을 들어주는 상상의 요술 도구를 그려 보고, 소원 리스트를 적습니다.

③ 각자의 소원을 공유하고, 응원해 줍니다.

• 등장인물에 대한 미덕 찾기를 할 때 각 인물이 가지고 있는 대표 미덕 또는 필요한 성장 미덕을 찾아봅니다.(미덕 단어는 워크북 8쪽 참고) 상상의 요술 도구를 그리는 대신, 내가 아끼는 물건을 그린 후 소원 리스트를 써도 됩니다. 소원을 쓰고, 왜 그 소원을 갖게 되었는지, 어떻게 이루고 싶은지를 이야기 나누는 것이 더 중요합니다.

• 하브루타 후 에세이를 써도 좋습니다. 이때 하브루타한 흐름대로 써 보는 것을 추천합니다.

'들어줄 수 있는 소원의 범위는?'

이 질문으로 소원이 나오는 여러 책과 영화 알라딘까지 아우르며 이야기를 나누었습니다. 아이들은 이 과정에서 들어줄 수 있는 소원과 들어줄 수 없는 소원, 소원을 들어주는 것에 대한 대가는 있는 것인지 등 점점 이야기를 확장해 갔습니다.

"소원은 '꿈'과 같은 거니까 소원을 이루는 것은 꿈을 이루는 것과 같아요. 꿈을 이루기 위해서는 노력이 필요해요. 누군가 내 소원을 들어준다면 그건 나의 노력에 대한 보상일 거예요. 실베스터는 꾸준한 노력이 없었기 때문에 실수로 그 소원을 잃어버렸을 수도 있어요. 원래부터 소신 있고 따뜻한 마음을 가진 사람, 꿈을 위해 노력하는 사람은 결국 진정한 소원을 이룰 자격이 있어요."

활동 마무리 즈음 초등 5학년인 딸의 소감을 들으며 저의 꿈과 소원에 대해 다시금 생각해 보게 되었습니다. 질문을 통해 자신만의 해답을 찾아가는 딸이 부럽기도 했습니다. 저는 이런 시간을 가져 보지 못했으니까요. 하브루타 덕분에 갖게 된 이런 시간이 너무 귀하고 행복합니다. 다음은 하브루타와 조금씩 친해지고 있는 초등 아이들의 질문입니다. 이를 참고하여 자신만의 답을 찾아가는 성장의 시간을 가져 보기를 권합니다.

- 실베스터는 왜 조약돌 모으는 취미를 가졌을까?

- 시간이 가면서 바위와 조약돌의 색깔이 변하는 이유는 뭘까?

- 나는 평소에 어떤 소원을 빌까?

- 왜 빨간 조약돌일까?

- 왜 다른 동물들은 빨간 조약돌을 줍지 않았을까?

- 나에게 요술 조약돌이 있다면 어떤 소원을 빌까?

- 아빠는 왜 금고에 돌멩이를 넣었을까? 그리고 언제 다시 꺼낼까?

- 요술 조약돌은 무슨 소원이든 다 들어주는가? 들어줄 수 있는 소원의 범위
  는?

- 내가 만약 요술 조약돌이라면 들어주기 싫은 소원은 어떻게 할까?

- 이 돌은 어디서 생겨났을까?

- 만약에 내가 아빠 또는 엄마라면 어떤 마음이었을까?

- 실베스터는 왜 이리 어리석은가?

연계도서 및 참고사항

『내 꿈은 기적』, 수지 모건스턴 글, 첸 지앙 홍 그림, 바람의아이들, 2010.
『너에게만 알려 줄게』, 피터 H. 레이놀즈 글·그림, 문학동네, 2017.
『사소한 소원만 들어주는 두꺼비』, 전금자 글·그림, 비룡소, 2017.
『소원 자판기』, 야마구치 다오 글, 다마루 요시에 그림, 책과콩나무, 2017.
『알사탕』, 백희나 글·그림, 책읽는곰, 2017.

1. 뒷이야기 만들기

이야기를 상상해 볼 수 있는 '만약' 질문이 있다면 그 질문에 대한 답변을 하나의 이야기로 써도 좋습니다.

예) 내가 만약 작가라면 바위가 된 실베스터를 어떻게 구할까?

2. 나만의 요술 조약돌 만들기

|준비물| 돌멩이, 상자

이야기처럼 돌멩이를 하나 주워서, 이름을 붙여 주고, 마법 기능을 부여합니다.

3. 가족 소원함 만들기

|준비물| 상자, 종이

- 예쁜 상자에 '가족 소원함' 이름을 붙여 줍니다.
- 가족 각자의 소원을 적은 종이를 소원함에 담습니다.
- 소원을 들이주는 날을 정합니다. 그날, 소원을 적은 종이를 뽑아 그 주인공의 소원을 들어줍니다.

엄마
때문이야

전은지 글, 신지수 그림, 책읽는곰.

대상 초등 고학년 이상
난이도 ★★★★☆
재미 ★★★★☆

#탓! 탓! 탓! #적반하장 #니 내 잘 아나(경상도 ver)
#똥 묻은 개가 겨 묻은 개 나무란다

선정 이유

"다 엄마 때문이야!" 아이에게서 이런 말을 들을 때면 엄마는 참 억울하고 속상합니다. 자신의 실수나 실패로 인한 좌절감을 엄마 탓으로 돌리기 때문입니다. 아이들의 이러한 행동은 가장 믿음직한 존재인 엄마에게 자신의 부정적인 감정 처리를 맡기는 것이라고 합니다. 이 책을 읽고 이야기를 나누다 보면 아이는 엄마를, 엄마는 아이를 더 알아 가고 또 이해하게 됩니다. 이러한 과정을 통해 아이는 내 감정의 책임은 내게 있다는 것, 감정을 바르게 표현해야 한다는 것을 알게 될 것입니다.

작품 설명 및 작가 소개

수혜는 잘나가는 아이들과 어울리고 싶어서 영재단에 들어가려 애를 쓰지만 쉽지 않습니다. 하지만 자신이 영재단에 거듭 떨어지는 이유가 다 엄마 때문이라 생각하며 점점 더 심통을 부립니다. 마음대로 되는 일이 없자 수혜는 울음을 터트리고 마음에 담은 말을 모두 쏟아 냅니다. 그러던 어느 날 수혜는 영재단에 들지 못한 이유가 자신에게 있었다는 것을 알게 되고, 자신을 돌아보며 한 뼘 더 성장하게 됩니다.

글쓴이 전은지는 대학에서 영문학을 공부하고 동화를 씁니다. 남매를 키우며 겪는 일상은 어린이 책을 쓰는 데 도움이 된다고 말합니다. 지은 책으로는 『천 원은 너무해!』, 『쪽지 전쟁』, 『비밀은 내게 맡겨!』, 『가짜 일기 전쟁』, 『장래 희망이 뭐라고』, 『3점 반장』 등이 있습니다.

그린이 신지수는 대학에서 서양화와 일러스트레이션을 공부했습니다. 지금은 만화가이자 어린이 책 일러스트를 그리고 있습니다. 『책 읽는 강아지 몽몽』, 『어느 날 구두에게 생긴 일』, 『태풍에 대처하는 법』, 『건방진 장 루이와 68일』, 『독서 퀴즈 대회』 등에 그림을 그렸습니다.

하브루타 가이드

1. 도입

① 워크북에 있는 속담 짝 찾기 놀이를 합니다.(워크북 28쪽 참고)

　- 우리 속담 맞히기 놀이를 해 볼까?

② 연결한 속담을 한 문장씩 읽어 보고, 어떤 뜻일지 서로의 생각을 이야기

　나눕니다.

③ 각 속담의 정확한 뜻을 알려 주고, 이 속담들의 공통점을 찾아봅니다.

- 책 내용과 관련된 속담들을 익히고 책의 흥미를 유발하기 위한 속담이 워크북에 담겨 있습니다.
- 3개의 속담 뜻은 156쪽에 있습니다.
- 글의 분량이 많은 동화책, 성장소설은 하브루타하기 전에 미리 읽기로 약속합니다.
- 책을 함께 보며 하브루타하기 위해 2인 1권씩 책을 준비합니다.(도서 관 활용)

2. 전개

① 하브루타 독서 토론 흐름을 워크북을 보며 알려 줍니다. TIP

　- 오늘은 독서 토론 형식으로 하브루타하려고 해. 전체 순서를 안내해 줄게.

② 책 제목과 표지에 대한 느낌과 생각을 나눕니다.

③ '~때문이야'와 같이 남탓을 한 경험을 나누어 봅니다.

④ 마음에 드는 문장(필사 문장)을 낭독하고 그 이유를 말합니다.

⑤ 미리 만든 질문을 공유하거나, 책을 읽으며 궁금했던 것을 질문으로 만듭니다.

⑥ 자신이 만든 질문 중에서 함께 이야기를 나누고 싶은 것에 별표를 하고 서로 이야기를 나눕니다.

> **TIP**
>
> ① 처음에는 부모 중 한 사람이 토론 리더를 합니다. 시작 전에 독서 토론 형식과 흐름에 대해 사전 안내를 합니다.
>
> ④ 읽을 때 필사 문장은 페이지를 기록하거나 표시해 둡니다.

3. 마무리

① 워크북을 활용해 '＿＿＿ 때문이야' → '＿＿＿ 덕분이야'를 기록합니다.

＿＿＿에는 가족, 친구, 선생님 등 말하고픈 대상을 정해서 적으면 된단다. 그 사람을 떠올리며 '＿＿＿ 때문이야' 내용을 쓰고 '＿＿＿ 덕분이야'에는 그 사람을 떠올리며 덕분이야 말을 넣어 문장을 만들면 돼. 엄마가 예를 들어 볼게.

② 빈 칸을 채운 '＿＿＿ 때문이야' → '＿＿＿ 덕분이야'를 각자 발표합니다. 이 활동을 하고 나서 어떤 기분이 들었는지 자유롭게 이야기 나눕니다.

③ 하브루타 독서 토론을 통해 '느낀 점, 깨달은 점, 실천할 점'을 쓰고 발표합니다.

④ 함께 하브루타를 한 가족을 격려하고, 독서 토론 활동 소감을 나누며 마무리합니다.

• '_____때문이야 → '_____덕분이야' 활동은 가족의 속마음을 들어 보는 시간입니다. 서로가 하고 싶은 이야기를 다 표현할 수 있도록 충분한 시간을 갖습니다.(워크북 29쪽 참고)

하브루타 에피소드 및 참고 질문

먼저 책 표지와 제목으로 아이들과 이야기를 많이 나누었습니다. 아이들은 책 제목과 침대 위에서 발버둥 치는 아이의 표지 그림을 보면서 자신의 경험을 연결하여 적극적으로 이야기했습니다.

"표지에 있는 아이 행동을 보니 내가 아기 때 떼를 썼던 생각이 났어요."

"아~ 어릴 적 모습을 떠올리게 했구나. 그때를 떠올리니 기분은 어땠어?"

"조금 부끄러웠어요."

아이들은 너도나도 자신의 어릴 적 경험을 떠올리며 풍성한 이야기를 나누었습니다. 뿐만 아니라 '때문이야, 덕분이야' 활동을 통해 같은 상황이 부정적인 생각에서 긍정적인 생각으로 바뀌는 것이 신기하다며 뿌듯해했습니다. 동화 하브루타로 아이들의 마음에 긍정의 씨앗을 뿌릴 수 있는 계기가 되어 행복했습니다.

하브루타를 2년 넘게 하고 있는 초등 3~5학년 아이들의 질문입니다.

- 수혜는 왜 영재단에 들어가고 싶을까?
- 수혜는 왜 엄마들이 학교 모임에 참여해야만 영재단에 뽑힌다고 생각했을까?
- 학교에 빵을 간식으로 넣은 이유는 뭘까?
- 수혜가 바라는 걸 부모님은 다 들어주었을까?
- 꼭 영재단에 들어가야 행복할까?
- 수혜는 어디에 살까?(아이가 다니는 학교 분위기에 따라 다르다고 생각해서)
- 주인공은 엄마에게 왜 존댓말을 쓰지 않을까?
- 수혜가 남 탓을 하는 건 버릇일까?
- 수혜는 왜 버릇이 없을까?
- 수혜는 가족을 위해 직장을 다니는 엄마가 자랑스럽지 않을까?
- 나라면 친구들이 나에게 험한 말을 했을 때 어떤 기분일까?
- 나라면 발명 신청서를 냈을까? 실험 신청서를 냈을까?
- 내가 만약 수혜처럼 떼를 쓰면 우리 부모님도 다 들어 줄까?

속담의 의미

- 똥 묻은 개가 겨 묻은 개 나무란다 : 자기는 더 큰 흉이 있으면서 도리어 남의 작은 흉을 본다.
- 숯이 검정 나무란다 : 자기 허물을 생각하지 않고 남의 잘못을 드러낸다.
- 가랑잎이 솔잎더러 바스락거린다고 한다 : 자기 허물은 생각하지 않고 도리어 남의 허물만 나무란다.

연계도서 및 참고사항

『나도 잘할 수 있어!』, 수잔 에이보어 오키이페 글, R. W. 앨리 그림, 비룡소, 2006.

『내가 안 그랬어요!』, 박수연 글, 신현정 그림, 키즈엠, 2017.

『내 탓이 아니야』, 레이프 크리스티안손 글, 딕 스텐베리 그림, 고래이야기, 2007.

『힐빌리의 노래-위기의 가정과 문화에 대한 회고』, J. D. 밴스, 흐름출판, 2017(부모용).

왕자는 누구

『져야 이기는 내기』, 조지 섀넌 글, 피터 시스 그림, 베틀북.

대상 초등 저학년 이상
난이도 ★☆☆☆☆
재미 ★★★☆☆

#민담 #져야 이기는 내기
#철학동화 #왕자의 자질

선정 이유

　민담은 오래전부터 전해 내려오는 이야기입니다. 오래되었다는 것은 낡았다는 것이 아니라 긴 세월을 거쳐 검증되고 인정받아 왔다는 것으로 해석됩니다. 조지 섀넌의 『져야 이기는 내기』는 긴 세월을 거쳐 입에서 입으로 전해져 내려온 민담을 묶은 책입니다. 책 속에 들어가 있는 두 번째 이야기 '왕자는 누구?'를 읽고 어떤 철학적인 사고를 꺼낼지는 각자의 몫이지만, 한 번 읽고 멈추는 것이 아니라 두고두고 꺼내어 곱씹어 보며 생각의 변화를 느껴 보면 좋겠습니다.

작품 설명 및 작가 소개

숲의 왕 표범에게는 왕자가 없습니다. 그래서 왕국을 물려줄 왕자를 찾기 위해 시합을 합니다. "창을 위로 던진 뒤 춤을 추면서 열까지 세고 창을 잡는 동물을 내 아들이자 왕자로 삼겠다." 표범 왕이 내건 문제에 큰 코끼리부터 황소, 원숭이, 사슴 등이 도전하였습니다. 시합의 결과, 어떤 동물이 왕자가 되었을까요? 어떻게 왕자가 되었을까요?

〰〰〰

글쓴이 조지 섀넌은 아이들과 어른들을 위한 책을 많이 만들고 있습니다. 미국 워싱턴 주의 배인 브리지 섬에서 늙은 고양이, 사슴, 라쿤 그리고 아주 많은 민달팽이와 살면서 시간이 날 때면 그림을 그리고 정원도 가꿉니다. 지은 책으로는 『동전 한 닢의 힘』, 『거짓말 아닌 거짓말』, 『까마귀 물 마시기』 등의 철학동화가 있습니다.

1. 도입

① 책을 읽기 전에 등장인물을 넣어서 이야기를 상상해 봅니다.

- '표범 왕, 코끼리, 황소, 원숭이, 작은 사슴'이 등장하는 이야기를 상상해 볼까?

- 엄마가 먼저 시작할게. '옛날 어느 숲 속에 표범 왕이 살고 있었습니다.' 그 다
  음은 네가 이어 가 볼까?

• 워크북 30쪽을 참고하여 첫 장면부터 이야기를 상상하며 만들어 봅니다.

2. 전개

① '왕자는 누구?' 텍스트를 함께 읽습니다.

- 이야기를 같이 한 줄 씩 번갈아 가며 읽어 볼까?

② 텍스트를 읽은 후 간단한 질문으로 내용을 확인합니다.

- 이야기 속의 왕은 어떤 동물이었니?

- 왕이 낸 문제는 무엇이었니?

③ 이야기의 제목을 각자 짓고, 함께 나눕니다.

- 이야기의 제목을 한번 지어 볼까?

- 제목을 그렇게 지은 이유가 뭘까?

④ 질문을 만듭니다.

- 우리가 함께 읽은 책 내용으로 질문을 만들어 보자!

⑤ 질문으로 대화를 나눕니다.

⑥ 각자의 질문 중에서 '가치 단어'와 연결되는 질문을 찾아서 좀더 깊이 있게 이야기 나눕니다.

③ 이야기 속의 제목은 아이에게 먼저 말해 주지 않습니다. 하지만 제목을 알고 있다고 해도 자신의 생각과 느낌을 담아 새로 지어 봅니다.

④ 질문 만들기를 할 때 생각이 잘 나지 않거나, 아이가 어려워한다면 함께 나눈 이야기를 가지고 '왜?', '어떻게?', '무엇이?' 등을 넣어 질문 만들기를 도와주세요.

⑥ '가치 단어'와 연결되는 질문이 없으면 추가로 만들어 이야기 나눕니다. 예: 왕에게 필요한 자질은 무엇일까요?

3. 마무리

① 하브루타 후의 생각과 느낌을 나눕니다.

- 질문하고 함께 이야기를 나누니 어땠어?

② 가장 기억에 남는 동물에게 해 주고 싶은 말을 적어 봅니다.

- 이야기 속에 등장하는 인물 중 가장 기억에 남는 동물이 있니?

- 그 동물에게 어떤 말을 해 주고 싶은지 적어 볼까?

③ 지금까지 질문하고 토론한 것을 중심으로 에세이를 씁니다. 분량에 관계없이 에세이를 쓴 후 낭독하고, 격려하며 마무리합니다.

• 에세이를 쓸 때 하브루타를 한 흐름대로 쓰면 됩니다.

• 또 다른 방법으로 느낀 점, 대표 질문과 답, 깨달은 점, 실천할 점을 뼈대로 하여 적어 보는 것도 좋습니다.

어떤 질문을 하느냐에 따라 이야기를 나눌 수 있는 주제는 다양해집니다. 왕의 자질, 부족한 것을 채우는 방법, 상대적으로 왜소한 몸으로 왕이 되어 통치할 수 있으려면 필요한 것들, 어떤 왕이 되고 싶은지, 혹은 어떤 왕이 뽑혔으면 좋겠는지 등 다양한 질문은 다양한 생각을 품고 있습니다.

'왕자는 누구'를 읽자마자 9살 아들은 영화 '꽃을 사랑한 소 페르디난드'가 생각났다고 합니다. 이유는 코끼리보다 춤을 잘 추는 황소 때문이었습니다. 우리는 잠시 아이의 생각을 따라 영화 이야기를 나누었습니다. 그러다 이야기로 다시 돌아와 아이의 질문을 들어 보았습니다.

- 사슴은 어떻게 10초를 셌을까?

- 표범은 어떻게 왕이 되었을까?

- 표범이 왕이 될 때도 똑같은 방법을 썼을까?

- 사슴은 사기를 친 걸까?

- 표범은 왜 그런 방법을 썼을까?

- 황소야, 너는 힘도 센데 왜 통과하지 못했니?

- 표범 왕에게 거짓말을 잘하고 친구들과 매일 싸우는 아들이 있다면 어떻게 할까?

아이는 함께 이야기를 나누고 싶은 대표 질문으로 '표범은 어떻게 왕이 되었을까?'를 선택했습니다. 이 질문으로 시작해 표범이 왕이 된 다양한 사연들을 상상하여 이야기 나누었습니다. 그러다 보니 '지혜로운 자가 왕이 되어야 한다.'는 왕의 자질에 대한 생각까지 연결할 수 있었습니다. 뿐만 아니라 아이 주변에 있는 친구에 대한 이야기를 나누며 아이의 생활까지 들여다볼 수 있는 시간이었습니다. 질문으로 함께 이야기하는 것은 책 내용에 한정된 것만이 아니라 일상을 나누는 것도 포함됩니다. 저 또한 아이와 함께 지혜를 찾는 귀중한 시간을 갖게 되어 행복했습니다.

연계도서 및 참고사항

『난 원숭이다』, 베아트리체 알레마냐 글·그림, 베틀북, 2010.
『두더지 딸 신랑감 찾기』, 윤영선 글, 박경진 그림, 곧은나무, 2006.
『우리 모두 왕』, 하인츠 야니쉬 글, 볼프 에를브루흐 그림, 베틀북, 2016.
『착함과 나쁨이 붙어다니는 이유』, 여우별 글, 상상더하기, 2016.

'나'를 바라보는 힘을 키워 준
동화 하브루타

'내 아이는 도대체 왜 이럴까?' 하는 생각에 가끔씩 마음이 힘들었습니다. 여러 방면으로 고민 상담을 하던 차에 지인의 소개로 하브루타를 알게 되었습니다.

처음 하브루타를 접하고, 질문을 만들 때마다 어색하고 힘들어서 얼굴이 빨개지기 일쑤였습니다. 질문도 생각도 하브루타도 어려웠습니다. 하지만 점점 질문에 익숙해지면서 나의 마음과 행동을 들여다보게 되었고, 그때부터는 나 자신에게도 질문하기 시작했습니다. 그 질문에 대한 답을 찾으며, 나는 조금씩 평온한 엄마, 지혜로운 엄마로 변하기 시작했습니다. 내가 변하니 아이들이 다르게 보이기 시작했습니다. 이러한 변화를 동화책 『스티커 토끼』 하브루타 경험담으로 전해 드립니다.

하브루타를 알기 전에는 책을 읽고 줄거리를 요약하고, 느낌 나누기 정도만 했습니다. 하브루타를 경험하고 나니 아이들과 질문하고 이야기하며 책을 읽고 싶어졌습니다. 배운 대로 실천하자고 굳게 마음먹고 동화 하브루타를 시도했습니다. '잘하고 싶다'는 부담감과 '내가 잘못해서 아이들이 질문을 두려워하면 어쩌지?' 등의 두려움이 컸습니다. 하지만 '잘해야 한다'는 부담감 대신 설렘을 장착하고 시작했습니다.

『스티커 토끼』에서 엄마, 아빠 토끼는 당근대회에 출전하기 위해 할머니 토끼에게 부탁을 합니다. 20마리나 되는 아기 토끼들을 봐 달라는 것이지요. 아기 토끼들을 맡기면서 엄마, 아빠 토끼는 할머니 토끼에게 아이들의 특징을 설명합니다. 할머니 토끼는 '까불이, 투덜이, 몽상가 등' 엄마, 아빠 토끼가 말해 주는 대로 스티커에 적어 아기 토끼들 등에 붙입니다. 그런데 그만 스티커가 거센 바람에 모두 날아가 버립니다. 할머니 토끼는 어린 토끼들을 어떻게 구분할까요?

하브루타로 달라진 책 읽기

먼저 아이들과 함께 동화책을 읽었습니다. 동화 구연하듯 함께 소리 내어 읽으니 아이들도 눈으로, 귀로 즐기며 재미있어 했습니다. 아이가 잘못 읽어도 타박하지 않았습니다. 온전히 아이의 목소리에만 귀를 기울였습니다. 긴장하여 더듬더듬 천천히 읽던 아이의 목소리는 어느새 자신감이 차올랐습니다.

다 읽고 나자 아이들이 또 읽자고 했습니다. 같은 책을 두 번 이상 읽으면

큰일 나는 줄 알던 아이들이 두 번 읽자고 하다니 정말 놀랍고 신기한 순간 이었습니다. 순서를 바꿔서 한 번 더 읽고 나니 질문도 한결 자연스럽게 쏟아 냈습니다. 등장인물들은 어떤 성격인지, 어떤 스티커가 좋은지, 어떻게 봐 주는 게 좋은지, 어떨 때 속상했는지 등 아이들이 직접 만든 질문을 통해 이야기꽃을 피웠습니다.

나에게 스며든 질문, 나의 스티커는 무엇일까?

아이들과 하브루타를 하며 나에게 깊이 스며든 질문은 '좋은 스티커와 나쁜 스티커가 있을까? 스티커를 붙인다는 건 그 아이에게 어떤 영향을 미칠까? 나는 어떤 스티커를 붙이고 있나?'였습니다.

딸이자 며느리이자 아내, 그리고 워킹맘으로 바쁘게 살아가던 나에게 붙은 가장 강력한 스티커는 바로 '좋은 엄마' 스티커였습니다. 나 스스로 '좋은 엄마'라는 스티커를 붙이고 그렇게 되고자 무던히 노력했습니다. 원래의 '나'를 잊고 엄마로서 치열하게 살아야 했던 시간들, '좋은 엄마' 스티커가 떨어질 세라 더 잘 붙도록 풀칠하고 본드칠까지 했던 나. 아이들과 하브루타를 하며 이런 나를 돌아보게 되었습니다. 그리고 나는 누구인지를 되물어 보았습니다. 나에게 붙인 '좋은 엄마'라는 스티커를 아이들과 함께 이야기 나눈 후 떼어 낼 수 있었습니다.

저는 명쾌하고 빠른 정답만을 추구했습니다. 그래서 처음에는 질문하고 이야기하며 해답을 찾아 가는 하브루타 과정이 불편하고 막연했습니다. 그런데 그 과정이 저를 흔들어 깨웠습니다. 하브루타를 통해 나에게 질문을 던지자 생각이 따라왔습니다. 나에게 육아는 '책임감'이라는 큰 '짐'이었고, 좋은 엄마 스티커는 '부담'이었다는 것을 깨닫게 되었습니다. 생각이 여기까지 미치자 내가 억지로 붙여 놓은 스티커를 떼어 내고 싶었습니다. 다른 누군가가 나에게 붙여 주는 스티커도 사양하고 싶어졌습니다.

"할머니 토끼는 결국 손자들을 내버려 두기로 했답니다. '너희는 정말 대단해!' 할머니 토끼가 웃으며 말했어요. 그리고 손자들을 꼭 안아주었지요."

뿐만 아니라 그대로 내버려 두면 문제가 아닌데 '문제'로 만드는 것이 나라는 사실도 알게 되었습니다. 할머니 토끼처럼 있는 그대로의 모습을 인정하고 바라보면, 아이들이 가진 더 큰 '가능성'을 발견한다는 것, 내가 '문제'라고 생각했던 것은 아주 작은 일부분이라는 것을 알게 된 것입니다.

동화책으로 함께 하브루타를 하며 가졌던 성찰과 깨달음의 시간들. 아이들이 동행했기에 더 울림이 컸습니다. 그날 저는 아이들을 꼬옥 안아주었습니다. 아이들도 저를 안아주었습니다. 아이들은 내 안의 '어린 나'까지 꼬옥 안아주었습니다. 아이들과 함께 하브루타하는 시간은 육아를 '함께 성장'의 과정으로 바꿔 주는 시간입니다.

역사
하브루타 가이드

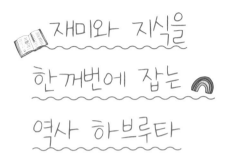

재미와 지식을
한꺼번에 잡는
역사 하브루타

 '역사'라는 단어를 들으면 어떤 생각이 떠오르나요? 학교 다닐 때 열심히 외워야만 했던 역사 공부 때문에 부담감과 지루함이 떠오르나요? 그 역사와 하브루타가 만나면 어떤 일이 생길까요? 결론부터 말하면 역사 공부의 재미와 감동을 한꺼번에 잡을 수 있습니다. 하지만 밑줄 긋고, 외우며 역사를 공부했던 부모 세대로서는 고개가 갸우뚱할 것입니다. '역사, 한국사에 대해 아는 게 별로 없는데 어떻게 하지?', '아이 질문에 대답을 못하면 어떡하지?' 이와 같은 걱정을 하면서요. 그러나 걱정을 내려놓고, 내가 아는 것만 가지고 출발해 보세요. 그 다음은 아이와 함께 답을 찾아 나서면 됩니다. 이제 그 방법을 소개합니다.

역사 하브루타 준비

우선 무엇으로 역사 하브루타를 할지 소재를 정해야 합니다. 이 책에는 유물, 인물, 사건으로 나누어 주제별로 하나씩 구성했습니다. 먼저 책에 있는 세 가지 중 하나를 선택합니다. 아울러 해당 주제와 관련된 자료, 도서, 영상 등을 미리 준비합니다. 역사는 사실을 바탕으로 하기 때문에 오류나 왜곡을 바로 잡을 수 있는 자료가 꼭 필요합니다.(이 책에서 다룬 주제는 워크북에 '미니 역사 공부' 코너를 마련하여 관련 자료를 정리해 두었습니다.)

자료가 준비되었다면 부모가 먼저 어떤 내용인지 읽어 보면 좋습니다. 하지만 일부러 공부하지는 않아도 됩니다. 아이와 함께 하브루타하며 알아 가는 것이 역사를 더 재미있게 공부하는 방법입니다.

역사 하브루타 - 도입

하브루타 주제와 관련된 단어를 보고 생각나는 것을 써 보는 브레인스토밍, 까만놀이, 빙고 게임 등 자유롭게 시작하면 됩니다. 말문을 열고 생각을 여는 시간입니다.

아이들은 한 번 들었거나 배운 것은 다 안다고 착각하기도 합니다. 하지만 막상 '이야기해 보자.' 하면 대답을 잘하지 못합니다. 도입에서는 알면 아는 만큼 이야기 나누며, 내가 안다고 착각한 것이 무엇인지 확인하고, 오늘의 주제에 관심을 갖도록 도와주는 것이 핵심입니다.

171

역사 하브루타 - 전개

역사 하브루타의 텍스트(글, 그림 등)를 읽고 스스로 질문을 만들고 토론을 통해 답을 찾는 과정입니다.

다만 역사 하브루타만의 중요한 특징을 기억해야 합니다. 일반 하브루타에서는 대표 질문을 뽑아 짝토론하는 경우가 많습니다. 하지만 역사 하브루타의 질문은 대부분이 사실 질문(내용파악 질문)입니다. 때문에 사실 질문에 대한 답을 정확하게 확인하는 과정이 매우 중요합니다. 사실 질문의 답을 추론하고, 정확하게 확인하는 과정이 역사 공부이기 때문입니다.

아이들의 질문을 공유하며 사실 질문에 대한 답을 찾아가는 토론을 해 보세요. '역사 지식이 없으니까 할 수 없다.'가 아니라 주어진 텍스트 내용을 근거로 답을 유추하는 과정이 중요합니다. 역사적 사실 역시도 우리의 추론 과정의 논리성과 개연성에서 크게 벗어나지 않습니다. 충분히 토론한 후 '마무리' 과정에서 사실 자료를 확인합니다.

이처럼 탄탄한 역사적 사실을 기반으로 하여 적용 질문을 만날 때 그 질문은 더욱 힘이 셉니다. '나라면 독립운동을 할 수 있었을까?', '무섭고 두려운 고문을 이겨 낸 힘은 무엇일까?', '다시 또 나라기 힘이 없어지지 않으려면 우리는 어떻게 해야 할까?' 등의 적용 질문은 아이들로 하여금 가르치지 않아도 그 시대의 독립운동가들의 삶을 공감하며, 마음 깊은 곳에서 우러나온 존경과 감사를 품게 합니다. 역사 하브루타의 진정한 힘이기도 합니다.

역사 하브루타 - 마무리

질문은 우리를 역사 속 현장으로 데려가기도 하고, 마음속에서 느낌표를 꺼내 주기도 합니다. 그리고 진짜 사실을 궁금하게 만듭니다. 궁금했던 역사적 사실을 역사책이나 자료 영상을 통해 확인할 때 저절로 공부가 됩니다. 심지어 감탄사도 나옵니다. 더불어 아픈 역사는 진한 슬픔으로 다가오고, 자랑스러운 역사는 뿌듯함으로 '느낌표'가 더 짙어집니다.

여기서 끝이 아닙니다. 하브루타의 말하는 공부 방법을 적용해 서로에게 내가 알게 된 내용을 말로 설명하는 것이 하이라이트입니다. 서로 설명하기는 메타인지를 작동시켜 학습 효과를 높입니다. 처음에는 자료를 보고 설명하고, 두 번째는 공부한 내용을 보지 않고 설명해 봅니다. 한 번만 하기보다는 두세 번 짝을 바꾸어 진행하는 것을 추천합니다. 설명하면 할수록 더 잘할 수 있고, 메타인지가 상승합니다.

열심히 공부한 다음에는 우리가 잘 알고 있는 '빙고 게임', '퀴즈 대결', '스피드 게임' 등의 놀이로 공부한 내용을 확인합니다. 초등 고학년 이상은 역사 일기를 써도 좋습니다.

이 책의 유물, 인물, 사건 중 아이의 연령과 관심에 따라 한 주제를 선택해 역사 하브루타에 도전해 보세요. 처음부터 너무 욕심내지 않는다면 재미와 지식을 한꺼번에 잡을 수 있습니다.

비파형 동검
유물

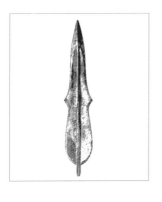

대상 초등 저학년 이상
난이도 ★☆☆☆☆
재미 ★★★☆☆

#군장들의 필수품 #비파를 닮은 칼
#청동기시대 대표 유물 #어떻게 만들었을까

선정 이유

    역사 하브루타를 처음 시작할 때 가장 쉽고 재미있는 주제는 '유물'입니다. 특히 유물은 학년과 대상에 관계없이 할 수 있습니다. 유물 사진 한 장만 있으면 '이게 무엇일까?'라는 질문으로 쉽게 이야기를 시작할 수 있습니다. 그중 선사시대는 문자가 없던 시대이기 때문에 그 시대를 이해하기 위해서는 반드시 유물을 보고 시대의 특징을 읽을 수 있어야 합니다. 청동기시대를 대표하는 비파형 동검으로 기원전 2000년 청동기 사람들의 삶과 생활에 대해 알아보세요. 우리나라의 소중한 유물로 자녀와 함께 재미있는 역사 공부를 할 수 있습니다.

청동기시대 및 유물 소개

　구석기시대와 신석기시대를 지나 기원전 2000년경부터 청동기시대가 시작됩니다. 석기시대에 비해 가장 큰 변화는 도구의 변화입니다. 돌을 주로 사용하던 석기시대와 달리 아연, 구리, 주석을 혼합하여 만든 청동 도구를 사용합니다. 청동기는 만들기가 어려워 모든 사람이 사용하지는 못했습니다. 그렇기에 권력을 가진 지배계층의 힘을 상징하는 도구였습니다.

　청동기시대의 또 다른 특징은 계급의 발생입니다. 계급이 생겨난 이유는 벼농사를 지으며 생겨난 잉여 농산물 때문입니다. 잉여 농산물을 창고에 저장하면서 사유 재산의 개념이 생겨나고 사람의 욕심이 전쟁을 일으키게 됩니다. 전쟁의 승자와 패자가 바로 계급의 시작입니다. 전쟁에 승리한 부족은 지배 계급이 되고 권력을 잡은 사람을 군장이라 부릅니다. 군장은 만들기 힘든 청동으로 거울과 방울, 검을 만들어 자신의 힘을 과시합니다. 청동검은 악기 비파 모양을 닮았다고 해서 비파형 동검이라 부릅니다. 이후 철기시대에 이르러 독자적인 우리 기술로 청동검을 만들게 됩니다. 이 청동검은 세형 동검이라고 합니다.

하브루타 가이드

1. 도입

① 까만놀이를 통해 유물 사진을 자세히 관찰합니다.

- 얘들아, 이 사진을 보면서 '~까'로 질문만 주고받는 까만놀이를 해 보자.

② 까만놀이를 하면서 아이의 질문이 엉뚱하게 흘러간다면 힌트가 될 만한 정보나 사진의 이름을 말해 줍니다.

- 이 시대에 아주 중요한 도구였대.

- 이것의 이름은 청동검이래.

- 비파형 동검의 이름을 알려 주지 않고 사진으로만 이야기를 나눕니다.
- 까만놀이를 하면서 재미있게 대화합니다.(36쪽 참고)

2. 전개

① 유물 이름과 힌트 정보를 말해 준 후 질문을 만듭니다.

- 엄마가 말해 준 힌트를 생각하면서 질문을 만들어 보자.

② 아이와 함께 정답이 있는 사실 질문과 상상 질문을 구분해 봅니다.

- 답이 정확하게 있는 사실 질문과 상상하여 답을 찾아야 하는 상상 질문을 구분해 볼까?

- 예를 들면, "어느 시대의 물건일까?" 이런 질문은 답이 정확한 사실 질문이야. "너라면 어떤 모양으로 만들고 싶니?"와 같은 질문은 답이 여러 가지인

상상 질문이야.

③ 사실 질문과 상상 질문에서 하나씩 골라 충분히 추론하고, 상상하며 대화를 나눕니다.

② 두 가지 색으로 질문을 종류별로 구분하여 표시해도 좋습니다.
③ 추론과 상상을 충분히 하고 나면 마무리 단계에서 사실 확인을 할 때 흥미와 몰입력이 더욱 높아집니다.

3. 마무리

① 사실 정보 텍스트(워크북 34쪽 미니 역사 공부)를 함께 낭독합니다.

② 앞에서 추론해 본 질문의 답을 확인하고, 새롭게 알게 된 점을 기록합니다.(고학년의 경우, 비파형 동검과 세형 동검을 비교하며 이야기 나누어도 좋습니다.)

③ 나만의 개성 있는 모양의 검을 만들고, 그 검에 특수 기능을 넣어 멋진 이름도 지어 봅니다.

• 집에 있는 택배 박스나 두꺼운 종이를 이용해서 나만의 검을 만들어 봅니다.
• 『실물크기 유물로 보는 역사도감』 책을 활용해 다른 유물도 이와 같은 흐름으로 하브루타할 수 있습니다.

올해 10살, 8살이 되는 아이들과 어떤 방법으로 역사 공부를 하면 좋을까 고민하다가 가장 쉽고, 재미있는 유물로 시작해 보았습니다.

"애들아, 엄마가 신기한 사진 한 장을 가져왔어." 이렇게 시작하여 만든 질문입니다.

- 저건 뭘까? (사실 질문)

- 어떤 용도로 쓰일까? (사실 질문)

- 왜 깃털처럼 생겼을까? (사실 질문)

- 왜 이리 녹슬어 있을까? (사실 질문)

- 누가 만들었을까? (사실 질문)

- 어떤 시대에 쓰던 물건일까? (사실 질문)

- 싸울 때 어떻게 사용하는 걸까? (사실 질문)

- 옛날에 꼭 필요한 물건이었을까? (사실 질문)

- 이 칼의 크기는 어느 정도일까? (사실 질문)

- 이 모양들은 모두 분리하고 합체하는 걸까? (사실 질문)

- 저것이 변해서 현재 우리가 쓰고 있는 것은 무엇이 있을까? (사실 질문)

- 누가 가장 많이 사용했을까? (사실 질문)

- 옛날에 저 칼은 얼마였을까? (상상 질문)

- 만약 나라면 어떤 모양으로 만들었을까? (상상 질문)

질문을 많이 만들었습니다. 질문이 많다는 것은 그만큼 유물 사진을 자세히 보았고, 호기심이 가득했다는 증거입니다. 그럼에도 토론 중 질문이 더 추가됩니다. "엄마, 그런데 왜 사진의 검은 짧아? 밑에 둥그런 모양이 손잡이야?", "아니야, 가운데 조금 튀어나와 있잖아. 밑에 또 뭔가가 있을 것 같아.", "맞아, 막대기 같은 게 있을 거야." 아이들은 모양을 유추하면서 이야기를 나누었습니다. 누가 사용했는지, 왜 만들었는지 궁금해하며 자기들만의 답을 찾아보았습니다. 요리할 때 쓰지 않았을까 생각하다가 지금의 부엌칼과 다른 모습에 고개를 갸우뚱하기도 했습니다.

질문으로 한참 이야기를 나눈 후 비파형 동검에 대한 자료를 함께 읽었습니다. 무엇이 가장 기억에 남았을까요? 옛날에는 청동이 귀해서 아무나 가질 수 없었다는 것, 모양이 특이했다는 것, 조립해서 완성한다는 것입니다. 이야기만 나눴을 뿐인데, 가장 핵심적인 것을 기억하니 신기했습니다.

역사 공부를 하고 나서 마지막에는 나만의 특수 기능을 넣어 검을 만들어 보았습니다.

큰아이의 나뭇잎 검과 작은아이의 뾰족 나무 검

"내 검 이름은 나뭇잎 칼이고, 이 칼은 놀라운 기능이 숨겨져 있어. 노란색 버튼을 누르면 날아다니고, 보라색 버튼을 누르면 총으로 변신해."

"내 검은 뾰족 나무칼이고 하트 버튼은 시간을 멈추는 버튼이고, 별 버튼은 시간을 되돌릴 수 있어."

특수 기능을 넣은 검을 만들 때는 여러 번의 수정, 보완 과정을 거쳤습니다. 정성을 가득 들여 만든 검이어서 그런지 칼싸움도 꾹 참고, 망가지지 않도록 예쁘게 전시해 두었습니다. 검을 볼 때마다 우리 아이들은 비파형 동검을 떠올리겠지요?

연계도서 및 참고사항

『교과서보다 먼저 보는 한국사 첫걸음 1』, 장광일 글, 미디어 커먼센스 그림, 혜윰, 2017.
『설민석의 한국사 대모험 4』, 설민석, 스토리박스 글, 아이휴먼, 2017.
『실물크기 유물로 보는 역사도감』, 서경석 글, 나는책, 2014.
『큰 별샘 최태성의 한국사 수호대 1』, 최태성·김지원 글, 메가북스, 2017.

추천 – 유물 하브루타

① 빗살무늬토기

신석기시대의 대표적인 유물입니다. 빗살무늬토기를 관찰하며 아이들이 만든 질문에 답을 찾다 보면, 신석기시대의 특징을 저절로 알 수 있습니다. 하브루타 후 클레이로 토기 만들기까지 진행하면 더 재미있습니다.

② 천마도

경북 경주시 황남동에 위치한 신라시대 무덤인 천마총에서 출토된 말 그림입니다. 신라 시대의 역사를 함께 익힐 수 있습니다. 하브루타 후 그림을 그려 보는 추가 활동을 해도 좋습니다. 또는 경주로 여행가기 전에 하브루타를 하고 떠나는 것도 추천합니다. 이 경우, 천마도 이외에 다보탑, 첨성대 등으로 하브루타를 해도 좋습니다.

③ 외규장각 의궤

조선시대 국가나 왕실의 중요한 의식과 행사의 전 과정을 기록한 종합 보고서입니다. 외규장각 의궤에 실린 도감(그림) 한 점을 골라 하브루타를 진행할 수 있습니다. 특히 이 의궤는 프랑스 국립도서관에 소장되어 있다가 5년 단위의 연장 대여 형식으로 반환되었습니다. 의궤 하브루타를 통해 빼앗긴 문화재 환수에 대해서도 깊이 있는 대화를 나눌 수 있습니다.

북쪽의 유관순, 동풍신
인물

대상 초등 4학년 이상
난이도 ★★★☆☆
재미 ★★★☆☆

#유관순 열사 #북쪽의 유관순
#어느 소녀의 꿈 #대한독립만세

선정 이유

　유관순을 모르는 사람이 있을까요? 아마 대한민국에서 유관순을 모르는

사람은 없을 겁니다. 여성 독립운동가 하면 모두 떠올리는 인물입니다. 우리

나라 독립 유공자 중 여성 독립운동가는 300명이 넘습니다. 하지만 이렇게

많은 여성 독립운동가가 있는데 왜 우리는 유관순만 기억하는 걸까요? 유관

순과 함께 기억하면 좋을 동풍신을 소개합니다. 유관순과 닮은 점이 너무도

많은 소녀 동풍신에 대해 하브루타하며 우리나라 여성 독립운동가에 대해 관심을 가져 보는 건 어떨까요? 아울러 독립운동가에 대한 이해와 감사의 마음을 새기는 계기가 되기를 바랍니다.

동풍신 인물 소개

함경북도 명천 출생의 15세 소녀 동풍신은 1919년 3월 15일, 명천의 화대 장터 만세 시위에 참가했습니다. 이때 시위대 선두에 섰던 동풍신의 아버지가 총에 맞고 쓰러져 숨을 거두었습니다. 동풍신은 아버지의 주검 옆에서 통곡하다 벌떡 일어나 헌병들을 향해 손을 번쩍 들며 외쳤습니다. "대한독립만세!" 동풍신이 외친 소리를 듣고 골목으로 숨어 들어갔던 군중이 모두 다시 나와 만세를 외쳤습니다.

일본 경찰은 그녀를 체포해 함흥형무소에 수감하였습니다. 법정에 선 동풍신은 의연한 태도로 당당하게 말했습니다.

"아버지가 만세를 부르시다 총을 맞아 돌아가셨다. 딸인 나는 아버지가 부르시던 만세를 이어 부른 것이다."

이후 동풍신은 서울 서대문형무소로 이감되었고 모진 고문을 당하면서도 의지를 꺾지 않았습니다. 동풍신은 식음을 전폐하던 끝에 1921년 숨을 거두었습니다.

하브루타 가이드

1. 도입

① 엄마가 아래와 같이 '인물 소개 퀴즈'를 냅니다.

- 1919년과 관련 있습니다. → 3·1운동 당시 만세를 부른 소녀입니다. → 3·1
운동 당시 일본 경찰의 총에 아버지를 잃었습니다. → 장터에서 만세운동을
하다가 체포되었습니다. → 형무소에서 삶을 마감했습니다. 이 사람은 누구
일까요?

② 아이가 말한 인물에 대해, 그렇게 생각한 이유를 물어봅니다.

- 와우! 유관순인 것 같지? 그렇게 생각한 이유는 뭘까?

   • '인물 소개 퀴즈' 내용은 다르게 바꿔도 됩니다.
   • 동풍신은 유관순과 매우 비슷한 삶을 살았습니다. 익숙한 유관순과의
     공통점으로 동풍신을 오래 기억할 수 있도록 도와주세요.

2. 전개

① 준비된 텍스트를 함께 소리 내어 읽어 봅니다.(워크북 35쪽)

② 유관순과 어떤 공통점이 있는지 이야기를 나눠 봅니다.

- 유관순과의 공통점을 찾아볼까?

③ 궁금한 것에 대해 질문을 만듭니다.

- 유관순과 비교하는 질문도 만들어 보면 어떨까?

184

④ 사실 질문과 상상 질문을 구분해 봅니다.

  - 답이 정확하게 있는 사실 질문과 상상하여 답을 찾아야 하는 상상 질문을 구

   분해 볼까?

⑤ 모든 질문에 대해 추론과 상상으로 답을 찾아봅니다.

> ④ 사실 질문과 상상 질문을 구분하고 표시하는 방법은 아이가 원하는
>   대로 해 보세요.
> ⑤ 정답이 따로 있는 사실 질문이라도 텍스트의 내용을 근거로 자신만의
>   답을 추론해 봅니다. 유추, 추론하는 과정에서 텍스트를 바탕으로 논
>   리적인 이유를 찾을 수 있도록 도와주세요.

3. 마무리

① 사실 정보 텍스트(워크북 37쪽 미니 역사 공부)를 함께 낭독합니다.

② 사실 확인을 통해 알게 된 역사적 사실을 정리합니다.

③ 알게 된 사실과 정보를 짝에게 설명합니다. 입장을 바꿔 한 번 더 설명합

  니다.

④ 역사 하브루타를 하면서 느낀 점, 새롭게 알게 된 역사적 사실, 실천할 점

  을 담은 글을 씁니다.

> • 설명하기 활동은 여러 번 반복할수록 효과가 더 좋습니다. 짝을 바꿔
>   한 번 더 진행해도 됩니다.
> • 글쓰기를 싫어하는 아이들은 중요 문장의 빈칸 채우기 등으로 마무리
>   해도 좋습니다.

초등 6학년 아들과 '동풍신 텍스트'를 읽고 하브루타한 내용입니다.

아들과 번갈아 가며 읽고 각자 다시 한 번 읽었습니다.

"읽으면서 어떤 생각이 가장 많이 들었어?"

"유관순의 이야기랑 너무 같다는 생각! 이렇게 똑같을 수가 있나? 만들어 낸 거 아닌가? 엄마, 이 사람도 진짜 독립운동가 맞아? 정말 신기하다. 완전 신기해. 동풍신의 가족은?"

유관순과 너무나 비슷한 삶을 산 동풍신에 대해 신기해하고 관심을 가집니다. 궁금한 것이 많아지면 당연히 질문도 많아집니다.

- 왜 모두 서대문형무소로 가게 되는 걸까? (사실 질문)

- 동풍신의 아버지 말고 다른 가족들은 어떻게 되었을까? (사실 질문)

- 서대문형무소에서 한 고문은 어느 정도였을까? (사실 질문)

- 감옥에 갇혔는데 고문을 더하는 이유는 뭘까? (사실 질문)

- 동풍신은 언제부터 독립운동에 참가했을까? (사실 질문)

- 감옥에서는 어떤 방법으로 투쟁했을까? (사실 질문)

- 우리가 모르고 있는 또 다른 동풍신이 있을까? (사실 질문)

- 동풍신은 독립유공자 훈장을 받았을까? (사실 질문)

- 북한 출신이라 훈장을 받지 못하는 독립운동가는 얼마나 될까? (사실 질문)

- 아버지가 총 맞는 것을 보고 어떤 생각이 들었을까? 무섭지 않았을까? (상상

질문)

- 서대문형무소에서 동풍신과 유관순은 만났을까? (상상 질문)

- 나라면 동풍신과 같이 만세운동에 참가했을까? (상상 질문)

- 고문을 당할 때 무섭고 두려웠을 텐데 어떻게 참았을까? (상상 질문)

질문에 대해 하나씩 이야기를 나누며 유관순과 동풍신을 함께 알아 가는 시간이었습니다. 잘 안다고 생각하는 유관순에 대해 다시 한 번 알아보는 시간이 되기도 했지만 유관순과 같은 삶을 살았던 동풍신 이름 석 자를 기억하지 못했다는 미안함과 부끄러움이 더 많이 생기는 시간이었습니다.

연계도서 및 참고사항

『백년아이』, 김지연 글·그림, 다림, 2019(어린이용).
『여성독립운동가 300인 인물사전』, 이윤옥 글, 얼레빗, 2018(부모용).
『조선의 딸, 총을 들다』, 정운현 글, 인문서원, 2016(부모용).
대한민국 통일부 공식 블로그(http://m.blog.naver.com/gounikorea), 동풍신 열사
하나쌤 블로그(http://m.blog.naver.com/dambo98), 남에는 유관순 북에는 동풍신

추천 - 인물 하브루타

① 신사임당

오만 원권 지폐의 주인공인 신사임당은 조선 전기 「어하도」, 「초충도」, 「노안도」 등의 작품을 그린 화가입니다. 지폐에 그려진 신사임당 초상화를 소재로 하브루타하면 인물뿐만 아니라 신사임당의 그림에 대해서도 자연스럽게 이야기를 나눌 수 있습니다. 하브루타 후 신사임당처럼 초충도 그림을 그려 나만의 종이 병풍을 만들어 보는 활동을 해도 좋습니다.

② 김정호

「청구도」, 「대동여지도」를 만든 조선 후기의 지리학자입니다. 「대동여지도」는 조선시대 가장 정확한 과학적 실측 지도로 평가됩니다. 19세기 조선의 국토 정보를 집대성하고 체계화한 인물입니다. 아이들과 하브루타 후 내가 자주 가는 곳 약도 그려 보기, 우리 집 주변 지도 그려보기, 우리나라 문화재 지도를 그려 브루마블 같은 게임을 만드는 것도 추천합니다.

③ 전형필

간송 전형필은 교육가이자 문화재 수집가입니다. 일제강점기에 전 재산을 털어 민족의 문화재를 수집하였고, 우리나라 최초의 사립박물관인 보화각(현, 간송미술관)을 설립하였습니다. 특히 『훈민정음 해례본』은 전형필이 지켜낸 대표적인 문화재입니다. 간송 전형필과 관련된 책이나 영상으로 하브루타 후 그의 삶에 대해 이야기를 나누어 보기를 추천합니다.

함흥차사
사건

대상 초등 고학년
난이도 ★★★★☆
재미 ★★★☆☆

#함흥여행 #깜깜무소식 #조선의 건국
#이성계와 이방원 #왕자의 난

선정 이유

이 사건은 조선 건국 초, 태조 이성계와 그의 아들인 태종 이방원 사이에 있었던 일입니다. 조선을 건국한 이성계와 조선을 강하게 만든 이방원에 대해 생각해 볼 수 있는 사건으로, 역사적 의미는 물론 고사성어의 유래까지 알 수 있습니다. 단어 하나로 시작된 질문과 토론이 어떻게 역사적인 사실과 인물에 대한 이야기까지 확장되는지 직접 경험해 보세요.

함흥차사의 유래

　함흥차사(咸興差使)는 '다 함(咸), 일어날 흥(興), 어긋날 차(差), 시킬 사(使)'로 '함흥으로 보낸 심부름꾼'이라는 뜻이 있으며, 심부름을 간 사신이 오지 않거나 늦게 올 때 사용합니다. 심부름 보낸 사람이 소식도 없이 오지 않으면 정말 답답하겠지요? 이럴 때 "심부름 가더니 함흥차사네."라고 말합니다.

　'함흥'은 북쪽에 있는 지역으로 이성계의 고향입니다. '차사'는 나라에서 임시로 파견한 벼슬을 말합니다. 조선 초 이성계의 뒤를 잇는 왕위 계승을 둘러싸고 왕자들 사이에서 싸움이 일어납니다. 이 사건을 왕자의 난이라고 부릅니다. 1, 2차에 걸친 왕자의 난으로 왕위에 오른 이방원에 대한 노여움으로 이성계는 궁궐을 떠나 이리저리 떠돕니다. 이방원은 왕위에 오른 걸 정당화하기 위해 아버지로부터 인정을 받고자 노력합니다.

　이성계가 함흥에서 오래 머무를 때도 이방원은 사신을 보내 돌아오라고 간청했습니다. 그러나 이성계가 사신들을 모두 죽여 버려 아무도 돌아오지 못하였고, 여기에서 함흥차사라는 말이 생겼다고 합니다. 실제로 죽인 건 아니라고 하지만 신하들은 아무도 함흥에 가려고 하지 않았습니다. 그때 박순이 찾아가 설득한 끝에 이성계가 돌아오게 됩니다.

　이 유래는 『연려실기술』이라는 야사에 기록된 이야기로 민간에서 전해 오다 실화로 굳어진 것입니다. 실록의 기록과는 다릅니다.(워크북 42쪽 미니 역사 공부 참고)

하브루타 가이드

1. 도입

① '함흥차사' 네 글자로 이야기를 나눕니다.

  - '함흥차사'의 뜻을 알고 있니?

  - '함흥차사' 이 말을 들으니 어떤 생각이 드니?

② '함흥'과 '차사'로 나누어 단어의 뜻을 알아봅니다.

  • 네 글자로 미니 질문 만들기를 해 보는 것도 좋습니다.
  • 혹시 뜻을 모르면, 힌트를 주어 유추하게 도와줍니다.

2. 전개

① '함흥차사' 이야기를 함께 읽습니다. (워크북 39쪽)

  - 엄마랑 어떻게 읽으면 좋을까? 한 줄씩 번갈아 가면서 읽을까?

② 이야기를 읽고 궁금한 것을 질문으로 만듭니다.

  - 모르는 단어를 질문해도 괜찮아.

③ 질문 중 정답이 있는 사실 질문과 상상 질문을 구분해 봅니다.

④ 모든 질문에 대해 추론과 상상으로 답을 찾아봅니다.

  ③ 역사적 사실을 유추해 볼 사실 질문이 없다면, 추가로 만듭니다.
  ④ 유추, 추론하는 과정에서 텍스트를 보고 논리적인 이유를 찾을 수 있
    도록 도와줍니다.

3. 마무리

① 사실 정보 텍스트(워크북 42쪽 미니 역사 공부)를 짝과 함께 낭독합니다.

② 중요하다 생각되는 내용을 각각 요약 정리해 봅니다.

③ 알게 된 사실과 정보를 짝에게 설명합니다. 짝을 바꾸어 한 번 더 설명합니다.

④ 서로 설명하며 알게 된 역사적 사실로 퀴즈를 만든 후 묻고 답하기 놀이를 합니다.

⑤ 마무리로 하브루타 역사일기를 씁니다.

- 설명하기 활동을 여러 번 반복하여 진행할 때는 설명하는 시간을 점차 줄여 보거나, 텍스트를 보지 않고 설명하는 등의 변화를 주면 효과가 더 좋습니다.
- 하브루타 후 글을 쓰는 과정은 매우 중요한 과정입니다. 고학년의 경우, 역사일기를 쓰는 것을 추천합니다.

하브루타 에피소드 및 참고 질문

　학교에서 역사를 배운 6학년 아이, 역사를 전혀 모르는 2학년 아이와 역사 하브루타를 하려니 배경지식 차이에 대한 걱정이 있었습니다. 하지만 막상 시작하니 걱정과 달리 서로에게 도움이 되는 시간이었습니다.

텍스트를 읽고 나서는 작은아이가 이해하기 쉽도록 언니와 엄마가 전래동화처럼 이야기해 주었습니다. 그러니 나이 차이가 나는 형제자매가 있는 가정에서의 역사 하브루타도 고민하지 말고 시작하기를 추천합니다.

작은아이는 모르는 단어에 대한 질문이 많았고, 큰아이는 '박순'이라는 인물과 사건에 대해 질문이 많았습니다. 하브루타 4년차에 접어든 초등 6학년과 2학년 딸의 질문입니다.

- 이 이야기는 실제로 있었던 이야기일까? (사실 질문)

- '난'이 무엇일까? (사실 질문)

- 형제들과의 두 번의 난 이야기는 어떻게 진행이 된 것일까? (사실 질문)

- '차사'라는 직급은 지금의 어떤 일을 하는 사람으로 표현할 수 있을까? (사실 질문)

- 돌아오지 않은 신하들은 누가 죽인 것인가? (사실 질문)

- 사신들이 죽은 것이 아니라면 왜 못 돌아왔을까? (사실 질문)

- 이방원은 왜 아버지를 모시러 직접 가지 않았을까? (사실 질문)

- 왜 이성계는 다른 지역이 아닌 함흥으로 간 것일까? (사실 질문)

- 박순의 또 다른 업적은 무엇일까? (사실 질문)

- 왜 왕이 되고 싶었을까? (사실 질문, 상상 질문)

- 박순의 행동에도 이성계가 돌아오지 않았다면 또 어떤 방법을 썼을까? (상상 질문)

- 박순은 너무 이기적이지 않나? (상상 질문)

- 박순은 자신의 행동으로 이성계가 돌아오게 될 거라고 믿었을까? (상상 질문)

'박순'의 행동에 집중했던 큰아이는 사람의 마음을 움직이는 박순의 지혜를 통해 설득의 기술을 배웠다고 합니다. "나도 누군가에게 나의 생각을 강요하기보다 상대에 대하여 더 많은 관심과 애정으로 그들을 움직일 수 있는 방법을 찾아야겠다."고 소감을 말했습니다.

큰아이 덕분에 함흥차사 박순이 살아나고, 그와 더불어 사람의 마음을 움직이는 방법에 대해 함께 나눠 본, 뜻 깊은 역사 하브루타였습니다.

연계도서 및 참고사항

『새로운 우리나라 조선』, 이현 글, 홍지혜 그림, 휴먼어린이, 2019.
『Why? 한국사: 조선전기』, 이근 글, 극동만화연구소 그림 예림당, 2019.
『용선생 처음 한국사 1권』, 사회평론 역사 연구소 글, 뭉선생, 이우일 외 1명 그림, 사회평론, 2019.
레츠고 한국사 2 보드게임(고려시대~조선후기), 오즈씨앤지, 2016.

1. 논쟁 하브루타 진행하기

아이들과 질문하고 토론하면서 '왕자의 난을 일으키면서까지 왕이 되고 싶었을까?'에 대해 이야기를 나누었습니다. 이 질문은 찬반토론 논제로도 만들 수 있습니다. 찬성과 반대 입장을 정해, 각 입장의 근거를 찾아, 논쟁 하브루타를 진행해도 좋습니다.

찬반 논제 : 난을 통해 왕위를 차지한 것은 옳다

논쟁 하브루타 진행 방법(워크북 44쪽)
① 논제에 대한 나의 입장을 표시합니다.
② 찬성의 근거와 반대의 근거를 모두 찾아서 기록합니다.
③ 찬성 입장이 되어 1차 논쟁을 진행합니다.
④ 반대 입장이 되어 2차 논쟁을 진행합니다.
⑤ 양쪽의 입장을 모두 경험해 본 뒤 최종 나의 입장을 표시합니다.
⑥ 찬반, 반찬 토론으로 논쟁 하브루타를 경험한 후의 느낌과 생각을 나눕니다.

2. 추천 - 사건 하브루타

① **별무반 창설**

고려는 우리 역사상 외침이 많았던 시대입니다. 그럼에도 거란, 여진, 몽골, 홍건적과 왜구까지 모든 전쟁을 잘 막아냈으며 단 한 번도 나라를 빼앗긴 적이 없습니다. 고려를 지킨 수많은 전쟁 중 여진족과 맞서 싸워 고려의 힘을 보여 주었던 '별무반'으로 하브루타를 해 보세요. 고려인들의 지혜와 자부심을 느껴볼 수 있습니다.

② 봉오동 전투

대한독립군과 일본군 사이에 벌어진 첫 대규모 전투입니다. 홍범도 장군이 이끄는 부대가 1920년 6월 일본군을 상대로 처음으로 승리한 전투입니다. 영화 '봉오동 전투'나 설민석 강의 영상을 시청한 후 역사 하브루타를 진행하면 됩니다.

③ 서울 올림픽 대회

1988년 서울에서 개최된 올림픽으로, 그간의 이념 분쟁이나 인종 차별의 갈등과 불화를 해소한 대회로 평가됩니다. 160개국이 참가한 역대 최대 규모의 올림픽이었습니다. 우리나라가 올림픽 개최국으로 선정된 이유를 알아보고 서울 올림픽 공식 마스코트 호돌이의 탄생 비화 등을 하브루타하며 자부심을 느끼는 시간이 되기를 바랍니다.

역사에 생명을 불어넣은 하브루타

학창시절에 역사를 너무 싫어했던 제가 한국사를 가르치고 역사 하브루타 강의를 하고 있습니다.

큰아이 공부를 위해 한국사 자격시험에 도전했습니다. 그때만 해도 무작정 열심히 외웠습니다. 덕분에 시험도 잘 치고 자격증도 취득했습니다. 그리고 공부한 내용을 잊어버리지 않기 위해 큰아이와 친구들을 가르치기 시작했습니다. 누군가를 가르치는 것이 가장 효과적인 공부라는 것을 그때 처음 알았습니다. 하브루타, 말하는 공부의 비밀을 직접 경험하면서 확인할 수 있었습니다. 이 점이 역사를 하브루타로 공부해야 하는 첫 번째 이유입니다.

역사를 하브루타로 공부하는 두 번째 이유는 역사와 하브루타가 만나면 역사에 생명을 불어넣어 주기 때문입니다. 한참 역사 공부를 하면서 답답했던 경험이 있습니다. 고려시대 왕을 공부할 때 '광종, 노비안검법과 과거제를 실시하다.'라고 무작정 외웠습니다. 이런 정책을 실시한 광종이 대단하다고 생각했지만, 이 사실과 호족 제거와의 연관성은 생각하지도 못했습니다. 그런데 하브루타를 하면서 이 역사적 사실이 제게 새롭게 각인되었습니다.

광종을 향한 질문

당시 5학년이던 딸과 광종에 대해 하브루타를 할 때였습니다. "광종은 긴 시간을 어떻게 들키지 않고 신하들을 속였을까?"와 같은 상상 질문으로 이야기를 나누었습니다. 이 질문으로 신하를 속이는 방법들을 찾다 보니 힘들게 몇 년을 보냈을 광종이 조금 이해되기도 했습니다. 아이가 다시 질문했습니다.

"왕인데 왜 신하들을 마음대로 못하고 쩔쩔 매는 거지?" 이 질문이 열쇠였습니다. 그 당시 호족들이 얼마나 무서운 사람들이었는지 생각해 보게 하는 중요한 질문이기 때문입니다. 역사를 모르는 아이들의 질문이 생각보다 예리하고 놀라울 때가 있습니다.

그렇다면 아이의 질문대로 신하들을 마음대로 하지 못했던 광종이 왜 노비안검법과 과거제도까지 시행하게 되었는지 알아볼까요? 고려는 호족의 도움을 받아 태조 왕건에 의해 건국되었고, 개국공신인 호족의 힘은 점점 강력해졌습니다. 왕건의 뒤를 이은 혜종과 정종이 의문의 죽음을 맞았고, 광종이 뒤를 이어 왕위에 올랐지만 언제 죽을지 모르는 불안한 상황이었습니다. 광종은 즉위 후 호족세력을 견제하기 위해 발톱을 숨긴 채 허수아비 왕으로

7년 동안 숨죽이며 지냈습니다. 호족의 부탁은 모두 다 들어주면서요.

그러다가 처음으로 호족들에게 꺼낸 정책이 노비안검법입니다. 억울하게 노비가 된 양인들을 원래 신분으로 풀어 주는 법입니다. 이 시대의 노비는 호족들의 재산이자 사병이었습니다. 호족들의 반대가 있었지만 이 정도쯤 이야 하는 마음으로 실행되었고, 이 제도로 사실상 호족들의 경제력과 군사력은 약화되기 시작했습니다.

호족의 힘을 뺀 광종은 호족들이 반란을 일으킬 만한 법을 또다시 제안했습니다. 그것이 바로 과거제도입니다. 음서 등의 특혜로 정치에 나가던 호족들에게 과거제 실시는 마른하늘의 날벼락과도 같았습니다. 광종의 예상대로 힘 있는 호족들의 반란, 역모가 일어났고 명분을 얻은 광종은 호족들을 숙청하였습니다.

광종을 마음으로 느끼는 역사 공부

광종이 어떤 생각을 하며 긴 시간을 보냈을지 온전히 느껴지나요? 만약 두 정책의 순서가 바뀌었다면 광종의 개혁은 성공했을까요? 이 질문도 함께 하브루타하기 좋은 질문입니다. 광종에 대한 이야기를 하고 나서 딸아이가 말했습니다.

"광종은 정말 똑똑하고 지혜로운 것 같아. 죽을 수도 있는데 바보처럼 살면서 끝까지 살아남을 방법을 찾았으니까. 나라면 무섭고 겁나서 아무것도 못했을 것 같은데…."

아이는 광종의 두 업적이 무엇이고 왜 실시했는지보다는 "광종이라는 사람이 얼마나 힘들고 무서웠을까?"에 대해 더 공감을 했습니다. 광종의 두 업적이 성공을 했고 역사에 남았으니 어떤 내용인지는 이후에 다시 공부하면 됩니다. 고려 역사에 기록된 광종, 과거 역사 속 한 사람이 아니라 어떤 생각을 하고 어떤 마음으로 그 시대를 살았는지, 살아 있는 역사를 만나는 것이 중요합니다. 광종을 머리가 아닌 마음으로 기억하면 그의 업적을 공부하는 것은 훨씬 쉬워집니다.

역사와 하브루타의 만남은 아이들의 한국사 수업 방향에 확신을 가지게 했습니다. 지루하고 재미없는 역사가 아닌 재미있고 감동이 있는 역사로 거듭날 수 있었습니다.

역사 하브루타를 경험한 사람들의 반응은 거의 비슷합니다. 가장 많은 반응은 "너무 재미있어요."입니다.

그 이유는 공부 방법의 변화 때문입니다. 역사 하브루타로 역사를 만나고 공부하는 방법을 바꾸어 보세요. 역사 교육의 진정한 의미는 과거를 거울 삼아 현재를 지혜롭게 살아가는 것입니다. 그러기 위해 역사는 멀리 있는 것이 아니라 내 이야기, 내 가족의 이야기, 우리들의 이야기라는 것을 기억하고 알아야 합니다.

체험·놀이
하브루타 가이드

♪술래잡기 고무줄놀이~ 말뚝 박기 망까기 말 타기~ 놀다 보면 하루는 너무나 짧아♪

읽는 순간 자신도 모르게 노래를 따라 불렀지요? 부모 세대 대부분이 알고 있는 이 노래는 '자전거 탄 풍경'의 '보물'입니다. 저에게도 동심을 자극하는 노래입니다. 온종일 친구들과 함께 놀면서 이 놀이, 저 놀이 바꾸어 가며 동네를 뛰어놀던 때가 생각납니다. 우리 아이들도 이렇게 뛰어놀 시간이 있다면 얼마나 좋을까요? 아쉽게도 우리 아이들은 무언가를 배워 가는 과정이 놀이가 되기는커녕 놀이터에서 노는 시간조차 별로 없습니다.

우리는 평생 배우며 살아가야 합니다. 우리 아이들에게 이 배움이 재미있고 흥미로웠으면 좋겠습니다. 배움이 재미있고 즐거워지는 열쇠는 바로 '놀이'입니다. 놀이의 사전적 의미는 여러 사람이 모여 일정한 규칙에 따라 즐겁게 노는 일을 말합니다.

아이들과 할 수 있는 놀이는 정말 다양합니다. 전래놀이와 신체놀이, 말놀이뿐만 아니라 근래에는 책과 친해지는 책놀이도 인기가 많습니다. 책놀이 이외에도 보드게임, 요리, 여행, 과학실험 등 체험을 통해 배워야 하는 영역과 놀이가 만나서 지식과 지혜, 재미를 한꺼번에 얻습니다.

이 책에서는 놀이처럼 즐거운 요리 하브루타, 과학실험 하브루타, 전래놀이 하브루타를 준비했습니다. 저마다 특성은 다르지만 아이들이 주체적으로 참여하여 즐겁게 배우는 과정은 같습니다.

체험·놀이 하브루타 방법

놀이 하브루타는 모든 과정이 질문과 토론하는 가운데 진행됩니다. 놀이의 종류에 따라, 놀이를 하기 전과 후, 언제 질문과 토론에 몰입할 것이냐에 따라 효과가 달라집니다.

1. 체험·놀이 활동 전

- 보드게임 상자 겉면, 요리 재료, 실험 상자 등을 먼저 관찰하며 질문을 만듭니다.
- 질문과 토론을 통해 체험·놀이 과정을 유추하고 예측해 봅니다.

2. 체험·놀이 활동

- 오늘의 체험·놀이 활동에 대한 규칙과 방법을 짝에게 서로 설명하며 배웁니다.

- 신나게 체험·놀이를 합니다.

3. 체험·놀이 활동 후

- 놀이를 마친 후 전체 과정을 돌아보며 질문을 만들고 토론합니다.
- 예측했던 부분과 실제로 놀이를 한 후를 비교하여 이야기 나눕니다.
- 체험·놀이의 다양한 규칙 만들기, 변형해 보기 등을 통해 새로운 놀이를 만들어 봅니다.
- 하브루타를 통해 느낀 점, 배운 점 등을 기록하고 나눕니다.

체험·놀이 전에 질문과 토론을 하고 시작하면 호기심과 능동적인 참여도가 높아집니다. 또한 진행하는 내내 자신의 예측과 달라지거나 일치할 때 끊임없이 메타인지가 활성화됩니다.

반대로 체험·놀이 후에 질문과 토론을 하면 놀이의 다양한 형태 변화, 새로운 규칙 등을 만들기에 더욱 집중할 수 있습니다. 두 가지 방법 모두 질문과 토론, 체험·놀이를 통해 자신의 감정들을 돌아보며 단순히 놀이가 '재미'에서 그치는 것이 아닌 놀이를 통한 성찰까지 가능합니다.

이것만은 지켜 주세요

우리가 할 체험·놀이에는 안전 규칙이 있습니다. 서로가 꼭 지켜야 한다고 생각하는 규칙과 그 이유를 스스로 정함으로써 책임감과 자율성을 키웁니다. 특히 함께하는 이들이 서로를 존중하고, 안전하게 활동할 수 있는 규칙을 꼭 챙깁니다.

체험·놀이를 충분히 할 수 있는 시간을 주어야 합니다. 그렇지 않으면 놀이의 아쉬움이 남아 질문을 생각할 여유가 생기지 않습니다.

놀이의 결과가 아닌 과정을 즐길 수 있도록 꼭 이야기 나눕니다. 놀이를 마치고 아이의 마음을 물어봐 주세요. 혹시 진행 과정에서 다친 마음이 있다면 무엇 때문인지 어떻게 하면 좋을지 이야기를 나누고 안아 주세요.

아무리 좋은 교육도 재미가 없으면 집중력과 참여율이 낮아집니다. 때문에 놀이하듯 배우는 것이 최고의 교육입니다. 이것이야 말로 배움이 즐거워야 하는 이유입니다.

우리의 하브루타가 놀이처럼 재미있고, 일상 안에서도 자연스럽게 이루어지기를 희망합니다.

돼지고기 수육
요리 하브루타

대상 요리를 좋아하는 누구나
난이도 ★★☆☆☆
재미 ★★★★★

#나는야 요리사 #돼지가 물에 풍덩한 날
#오감 자극 #후추? 월계수잎? #하브네 반찬

선정 이유

요리 좋아하세요? 아이들은 어떨까요? 직접 요리하는 것을 싫어하는 아이는 거의 없습니다. 유아들도 엄마가 요리를 하면 그 자체를 궁금해합니다. 아이가 요리에 관심 가질 때 어떻게 하면 좋을까요? '아이가 혹여 다칠까 봐, 부엌이 난장판이 될까 봐.'의 부담을 내려놓고, 아이와 함께 요리 하브루타를 해 보는 건 어떨까요?

오감을 자극하는 요리는 식재료와 요리 과정의 화학 반응 등이 어우러져 있습니다. 뿐만 아니라 요리하는 '재미'와 음식의 '맛'은 물론 엄마와의 추억도 담아내는 행복 끝판왕입니다. 여기에 질문과 토론까지 추가되면 최고의 배움 놀이이자 융합 교육이 됩니다.

요리는 그 과정을 통해 배움이 일어나고 체험으로 함께 성장합니다. 질문하고 이야기하는 행복한 요리 하브루타에 도전하세요.

돼지고기 수육

수육은 고기를 물에 삶는 간단한 음식입니다. 어원은 숙육(熟肉)입니다. 고기가 귀한 옛날부터 연료도 덜 들고, 국물을 먹을 수 있다는 장점이 있어 일반적인 조리법의 하나였습니다.

영양학적으로 좋은 성분이 국물로 다 빠지는 것이 아니냐고 하는 사람들도 있지만, 반대로 불필요한 지방과 나트륨 등이 적당히 빠지는 순기능도 있습니다. 담백한 맛이 일품이라 많은 사람이 즐겨 먹는 음식입니다. 특히 김장철에는 수육이 인기 만점입니다.

삶기만 하면 되는 조리법 덕분에 어지간한 고기는 모두 수육으로 즐길 수 있습니다. 소고기도 양지머리 같은 부위를 수육으로 삶아 먹기도 하지만, 소고기보다 저렴한 돼지고기가 많이 애용됩니다. 돼지고기 수육은 적당히 비계가 있고 기름기가 있어서 맛이 부드럽습니다.

하브루타 가이드

1. 도입

① 안대로 눈을 가리고, 코를 막고, 준비된 재료 중 하나를 맛봅니다.

　(규칙 : 소리 내지 않기, 웃지 않기)

　- 엄마가 주는 재료를 먹고, 무슨 맛이 나는지, 어떤 재료일지 맞혀 볼까?

② 역할을 바꿔서도 진행합니다.

③ 평상시와 눈과 코를 막고 맛볼 때의 차이점에 대해 이야기를 나눕니다.

　- 왜 코를 막고 먹으면 양파가 맵지 않을까?

　　• 앞치마, 머릿수건이 준비되었는지 체크합니다.
　　• 맛보기 음식은 양파, 파프리카, 당근, 사과 등으로 진행하면 좋습니다.(식감이 비슷한 재료를 선택합니다.)
　　• 역할을 바꿔 진행하면 아이들이 더 즐거워합니다. 이때 안대를 벗어 아이의 반응을 관찰해도 재미있습니다.

2. 전개

① 요리 시 주의할 사항은 어떤 것이 있는지 아이가 먼저 말할 수 있도록 합니다. 🌥

　- 요리할 때 가장 위험한 것은 무엇일까?

② 메인 재료 이외의 준비된 재료만 보고 요리명을 상상하여 유추해 봅니다. 🌥

- 이 재료로 어떤 음식을 만들 수 있을까?

③ 요리 전체 과정에 함께 참여합니다.(요리 재료와 방법은 210쪽)

④ 요리가 완성되는 동안 질문을 만듭니다.

⑤ 완성된 음식을 먹으며 이야기 나눕니다.

- 우리가 직접 만든 음식을 먹으니 맛이 어때?

⑥ 요리 전체 과정을 돌아보며 궁금한 것에 대해 한 번 더 질문을 만듭니다.

⑦ 자신이 만든 질문 중에 엄마와 함께 나누고 싶은 질문으로 이야기를 나눕니다.

TIP

① 아이의 대답과 함께 칼과 불을 사용할 때의 주의사항과 안전 규칙을 정확하게 짚어 줍니다. 실제 도구를 사용하므로 안전에 대한 세심한 주의가 필요합니다.

② 메인 재료는 숨겨 둡니다. 예를 들면, 돼지수육일 경우에는 돼지고기를 숨깁니다. 아이들의 상상력을 자극할 수 있습니다.

③ 요리가 끝나면 정리정돈도 함께합니다.

⑤ 음식을 먹으며 저절로 질문과 대화가 이어질 확률이 높습니다. 자연스럽게 이야기를 나누며 먹으면 그것만으로도 요리 하브루타는 성공입니다.

3. 마무리

① 요리 전체 과정을 엄마와 아이가 번갈아 가며 순서대로 말합니다. 이 활동을 통해 요리 순서를 다시 정리하게 됩니다.

② 요리 하브루타를 한 소감을 이야기 나눕니다.

③ 서로 꼭 안아 주며 마무리합니다.

• 워크북 대신 종합장을 이용하여 요리 하브루타한 소감을 그림으로 자
유롭게 표현해도 됩니다.

재료(4인 기준)

삼겹살(또는 목살) 900g, 양파 1개, 대파 2
대, 통마늘 10~12개, 월계수 잎 6장, 사과
1개, 무는 적당히(없으면 생략), 통후추 10
알, 된장 1큰술, 알커피 1큰술, 청주 ½컵,
소금 ½큰술, 국간장 1큰술

① 수육용 고기는 30분 동안 물에 담가 핏물을 뺀 후 체에 밭쳐 둡니다.

② 대파, 양파, 통마늘, 사과, 무를 깨끗이 씻어 준비합니다.

③ 냄비에 고기가 잠길 정도의 물을 넣고 ②에서 준비한 재료를 넣고 끓
입니다.(고기는 아직 넣지 않습니다. 처음부터 고기를 넣고 끓이면 살코기
부분이 퍽퍽해집니다.)

④ 된장 1큰술, 월계수 잎, 통후추, 국간장 1큰술도 넣습니다.

⑤ 물이 끓을 때 핏물을 뺀 고기를 넣습니다.(뜨거운 물이 튀지 않도록 주의합니다.)

⑥ 고기를 넣고 다시 끓어오르면 알커피 1큰술과 청주 ½컵을 넣습니다.

⑦ 다시 끓어오르면 중약불로 줄이고 뚜껑을 덮은 채 1시간 정도 끓여 줍니다.

⑧ 젓가락으로 푸욱 찔러서 한 번에 끝까지 부드럽게 들어가는지 확인합니다.(이때 젓가락으로 찌른 곳에서 핏물이 나오면 덜 익은 것이니 좀 더 끓여 줍니다.)

⑨ 다 익은 고기는 집게를 이용해 조심스럽게 꺼내 체에 밭쳐 둡니다.

⑩ 먹기 좋은 두께로 썰어 나만의 플레이팅을 합니다.

하브루타 에피소드 및 참고 질문

막내 친구들과 함께 하브루타를 한 지 2년입니다. 제가 요리를 좋아해 두 달에 한 번씩은 요리 하브루타를 진행합니다. 이날은 안대로 눈을 가리고, 코를 막은 채 양파를 맛보게 했습니다. 아무것도 안 보이고 냄새를 맡을 수 없을 때는 "너무 아삭하다."며 맛있게 먹었습니다. 그러다 막고 있던 손을 떼는 순간 "매워!" 하며 소리를 지르고 화장실로 뛰어갔습니다. 이렇게 우린 한바탕 웃고 놀이하듯 요리 하브루타를 시작했습니다.

"오늘의 요리는 무슨 요리일까?", "재료를 보고 맞혀 볼까?" 이때부터 아이들은 상상력을 발휘합니다. 준비된 재료를 보고 자신이 먹었던 음식과 퍼즐을 맞춰 보듯 고민하고, 또 다른 재료가 있냐고 묻습니다. 대부분은 메인 재료를 보여 주는 순간 정답을 맞히는 경우가 많습니다.

이렇게 생각 주머니를 부풀려 놓고 시작하는 요리 하브루타는 즐겁게, 몰입하는 과정으로 이어집니다. 직접 요리를 해서 맛있게 먹으면 기분이 어떨까요?

다음은 엄청 행복한 기분으로 요리 과정을 떠올리며 만든 질문입니다.

- 수육이란 무슨 뜻일까?

- 수육의 이름은 누가 만들었을까?

- 수육은 어느 나라 음식일까?

- 수육은 돼지의 어느 부위일까?

- 수육의 첫 맛은 왜 달까?

- 사과, 양파 말고 단물이 나오는 것은 없을까?

- 수육의 달콤한 맛은 사과, 양파 때문일까?

- 월계수 잎 냄새가 생강 냄새랑 비슷한 이유는 뭘까?

- 월계수 잎은 어떻게 비린내를 없앨까?

- 후추는 열매일까?

- 왜 가루후추를 넣지 않고 통후추를 넣을까?

- 술은 왜 넣을까?

- 사과는 왜 넣을까?

- 왜 수육을 얇게 썰까?

- 왜 야채랑 같이 먹을까?

- 딱딱한 무가 왜 물렁해졌을까?

- 국물과 건더기들은 먹을 수 있을까?

- 이 재료들을 가지고 다른 음식은 뭘 만들 수 있을까?

요리 하브루타를 할 때마다 아이들은 '음식 이름의 뜻, 음식의 유래, 들어가는 재료의 역할'에 대한 질문을 합니다. 덕분에 지식이 쌓이고 알아 가는 재미도 쌓입니다. 조리되는 과정에서 재료의 변화를 관찰하고 음식 냄새, 조리되는 음식의 소리를 느끼고, 완성된 음식을 맛보기까지 전 과정을 함께하는 것은 요리의 큰 매력입니다. 요리를 해 본 사람과 안 해 본 사람의 차이는 분명히 있습니다. 맛과 재미, 삶이 버무려지는 요리 하브루타에 꼭 도전해 보세요.

연계도서 및 참고사항

『김밥은 왜 김밥이 되었을까』, 채인선 글, 최은주 그림, 한림출판사, 2010.
『김치가 최고야』, 김난지 글, 최나미 그림, 천개의 바람, 2014.
『손 큰 할머니의 만두 만들기』, 채인선 글, 이억배 그림, 재미마주, 2001.
『오늘의 식탁에 초대합니다』, 펠리치타 살라 글 그림, 씨드북, 2019(부모용).
『KIDS IN THE KITCHEN』, 유재영 글, 용동희 요리, 그린쿡, 2015(부모용).
『팥죽 할머니와 호랑이』, 조대인 글, 최숙희 그림, 보림, 1997.

1. 아이들과 할 수 있는 요리들

아이들과 함께할 수 있는 요리를 선택할 때 간단한 간식류도 좋지만, 가능하면 실생활에서 우리가 직접 먹는 음식을 선택하면 더 좋습니다.

닭볶음탕, 모둠꼬치, 제육볶음, 수제비(시금치즙, 당근즙을 넣은 반죽으로 만든), 비빔국수, 잔치국수, 삼계탕, 잡채, 김밥, 주먹밥, 고추장 떡볶이, 간장 떡볶이, 계절과일 케이크, 비빔밥, 해물탕, 김치찌개, 된장찌개 등 가족들의 식사 준비를 아이와 함께 질문하고 이야기하며 진행하면 더 좋습니다.

아이들이 직접 준비한 식사는 편식을 줄이는 기회가 되기도 합니다.

2. 요리 하브루타 추가 아이디어

시간적 여유가 있다면 장보기부터 재료 손질, 요리, 플레이팅, 설거지까지 전 과정을 함께해 봐도 좋습니다. 장보기부터 질문이 쏟아집니다. 그때 바로 답을 해 주기보다 스스로 답을 찾을 수 있도록 함께 유추해 봅니다. 또는 "우리 궁금한 것들을 나중에 질문으로 만들어 볼까?"라고 이야기해 주며 엄마의 마음속에 그 질문을 담아 두었다가 요리 과정 중에 연결하여 답을 찾아보면 좋습니다.

수육이 익는 동안 질문을 공유하고 스스로 답을 찾아보는 시간을 갖게 합니다. 더 궁금한 것이 있으면 인터넷 검색을 활용해서 찾아보는 것도 좋습니다. 실제로 아이들은 "후추는 열매일까?"라는 질문을 통해 "후추는 가열하면 아크릴 아마이드라는 유해물질이 나오기 때문에 조리 후 넣는 것이 좋다."라는 과학적인 지식까지 배우게 되었습니다. 궁금한 것에 대해 충분히 검색하고 탐색하도록 도와주면 됩니다.

구름 만들기
과학실험 하브루타

대상 유아~초등 전학년
난이도 ★★★☆☆
재미 ★★★★☆

#둥실둥실 구름 만들기 #폭신폭신 구름빵
#구름 닮은 솜사탕 #나는야 하브루타 리틀 과학자!
#아이보리 비누 구름 만들기 #구름 한 번 만들어 볼래?

선정 이유

누구나 어릴 적에 한 번쯤은 파란 하늘의 구름을 보며 상상과 질문들로
이야기꽃을 피웠던 때가 있습니다. '이 구름은 오리, 저 구름은 새털! 손오
공처럼 구름에 올라탈 수 있을까? 구름을 만지면 어떤 느낌일까? 구름은 왜
생길까?' 등등 말입니다.

상상력과 창의력으로 가득한 아이들과 구름 이야기 꾸러미를 풀어 보세

요. 그리고 질문과 함께하는 구름 만들기 실험에 도전해 보세요. 쉽고 재밌게 할 수 있는 구름 만들기가 하브루타를 만나 더 즐겁고 알찬 시간을 선물합니다.

1. 도입

① 구름 사진을 보고 이름을 붙이거나 머릿속에 떠오르는 생각을 자연스럽게 나눕니다.

- 구름 이름이 사랑이구나! 왜 사랑이라고 붙였는지 말해 줄래?

② 구름하면 생각나는 것으로 마인드맵(생각 그물)을 그려 봅니다.

③ 마인드맵을 토대로 내가 알고 있는 구름에 대해 자유롭게 이야기 나눕니다.

- 구름이 시커먼 색이면 비가 내린다는 뜻이에요.

- 구름은 수증기가 모여서 생긴 거예요.

- 마인드맵은 말 그대로 구름에 대한 다양한 생각을 꺼내는 과정입니다. 아이의 모든 생각을 반갑게 받아 주세요.

2. 전개

① 구름이 만들어지는 과정을 유추해 봅니다.

- 우리가 구름을 만들 수 있을까? 어떻게 하면 가능할까?

② 워크북 48쪽의 '보기 단어'를 참고해 구름 생성 과정을 구체적으로 유추해 봅니다.

- 수증기가 올라갑니다. → 부피가 커집니다. → 온도가 낮아져 물방울이 생깁니다. → 구름이 됩니다.

- 공기가 상승하면 압력이 낮아지고 공기 사이가 멀어져 온도가 낮아지면서 수증기가 물방울로 모양을 바꿉니다. 이런 과정을 통해 구름이 생깁니다.

③ 구름 만들기 실험 방법을 읽습니다.(워크북 49쪽)

④ 구름 만들기 실험의 안전 규칙에 대해 이야기를 나눕니다.

⑤ 구름 만들기 실험을 직접 합니다.

⑥ 구름 만들기 실험 후 질문을 만듭니다.

⑦ 질문을 서로 공유하며 답을 유추해 봅니다.

⑧ 답이 있는 사실 질문의 정확한 답을 아이와 함께 찾아봅니다.

TIP

① 이 과정에서는 우리가 아는 모든 정보를 동원하여 최선을 다해 유추해 봅니다. 가능한 아이가 스스로 생각해 낼 수 있도록 기다려 주고 도와주세요.

② '보기 단어'는 아이의 수준에 맞게 아이가 선택하면 됩니다. 모든 단어를 써야 하는 것은 아닙니다.

⑤ 실험을 할 때 아이가 스스로 할 수 있도록 부모는 보조 역할을 합니다.
  • 구름 생성 실험 영상 참고 QR코드
  • 응결핵원리(연기의 역할) http://youtu.be/B_YJwm2zlc8 (뭉쳐야 뜬다-일본 편)

3. 마무리

① 구름 실험 과정과 사실 확인을 통해 알게 된 내용을 아이와 번갈아 가며 주고받습니다. 퀴즈처럼 진행해도 됩니다.

② 하브루타 후 '느낀 점, 배운 점, 아쉬웠던 점'을 기록하고 공유합니다.

③ 서로의 미덕을 찾아주고 격려해 줍니다.(워크북 8쪽 참고)

• 직접 실험한 경험이 말로 설명하기까지 이어지면 온전한 나의 지식이 됩니다. 즐겁게 설명해 봅니다.

하브루타 에피소드 및 참고 질문

"엄마, 구름은 어떻게 생겨날까?"

"구름 보니까 궁금하지? 우리 진짜 구름 만들어 볼까?"

"정말? 집에서 구름을 만든다고? 우와 좋아!"

신나하는 아이와 함께 구름을 만드는 실험을 진행하고 관찰하면서 과학적 흥미와 재미가 샘솟는 시간이었습니다.

아이들은 직접 얼음을 가져와 뚜껑에 올려 보면서 "왜 유리병에 연기를 넣어야 돼?", "왜 유리병 밑바닥은 따뜻하게 하고 위는 차갑게 해야 돼?"라며 계속 질문을 쏟아 냈습니다. 구름을 만든 다음에는 "엄마, 구름은 어떤 맛일까 궁금했는데 맛봐도 돼?"하며 유리병의 뚜껑을 여는 순간, 날아가 버려서 맛을 볼 수는 없었습니다. 하지만 질문과 호기심으로 과학과 더 친해지는 시간이었습니다.

아이보리 비누로 구름을 만들 때(추가 활동 아이디어 221쪽 참고)는 "우와! 우와!" 감탄을 쏟아내며 어찌나 흥분하는지, 실험을 반복하기까지 했습니다. 다음은 7세와 초등 2학년 아이들과 만든 질문입니다. 이러한 질문에 대비한 답을 준비하고 과학실험 하브루타를 도전하는 게 좋을까요? 아닙니다. 아이와 함께 배움의 과정을 즐긴다고 생각하고 시작해 보세요.

- 왜 유리병에 연기를 넣어야 할까?
- 왜 유리병 속 연기가 소용돌이처럼 움직이는 걸까?
- 왜 유리병 안의 바닥은 따뜻하게, 위는 차갑게 해야 할까?
- 왜 구름을 만들려면 물이 필요할까?
- 왜 연기가 물에 녹지 않을까?
- 왜 구름은 만져지지 않을까?
- 구름은 액체일까? 기체일까?
- 구름은 지구 밖으로는 나갈 수 없나?
- 우주와 지구의 경계는 무엇으로 이루어져 있을까?
- 수증기는 왜 연기를 만나면 더 하얗게 변할까?

연계도서 및 참고사항

『구름공항』, 데이비드 위즈너 글·그림, 시공주니어, 2017.

『구름의 전람회』, 이세 히데코 글·그림, 청어람아이(청어람미디어), 2009.

『구름하고 놀아요』, 디에고 비앙키 글, 밝음미래, 2013.

『태풍이 온다』, 미야코시 아키코 글·그림, 베틀북, 2012.

1. 나만의 구름 만들기

|준비물| 구름 사진, 솜, 목공 풀, 색지, 사인펜

구름 사진을 이용하여 나만의 '구름 이야기'를 만듭니다. 예쁜 색지에 목공풀로 구름을 그리고 솜을 붙여 나만의 구름을 완성합니다. 그런 다음에 이름을 붙여 주고, 이야기를 만들어도 좋습니다.

  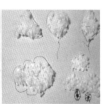

2. '아이보리 비누' 구름 만들기

|준비물| 아이보리 비누, 접시, 전자레인지

- 비누를 반으로 잘라 전자레인지에 넣고 30~40초 정도 돌립니다.
  (공기가 많이 포함된 아이보리 비누만 가능합니다.)(QR코드 참고)
- 실험을 할 때 불을 끄면 더 잘 관찰할 수 있습니다.

  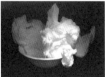

투호 놀이
전래놀이 하브루타

대상 초등 저학년
난이도 ★☆☆☆☆
재미 ★★★☆☆

#전래놀이 투호 #화살놀이야?
#내가 만든 투호 #누가 누가 많이 넣나

선정 이유

20~30년 전만 해도 골목에서 아이들이 뛰어노는 모습을 흔히 볼 수 있었습니다. 놀이를 하기 위해 의견을 모았고, 재미있는 놀이를 계속하기 위해서 힘들거나 마음에 안 드는 일이 있어도 서로 양보하고 배려했습니다.

옛말에 '잘 노는 사람이 일도 잘한다.'는 말이 있습니다. 그런데 요즘은 놀이에 대한 인식이 공부의 반대말이나 '빈둥거린다'와 비슷한 뜻으로 쓰이고 있습니다. 놀이에 대한 부정적인 인식이 커진 것입니다. 몸도 마음도 건강한 주체적인 어른으로 성장하기 위해서는 놀이에 대한 인식 변화가 더 필요한 때입니다. 놀이 하브루타를 통해 아이들과 함께 소통하고 협력하는 전래놀이를 즐겨 보기 바랍니다.

투호 놀이의 유래

원래 중국 당나라 때 성행하던 놀이로 백제 사람들과 고구려 사람들이 이 놀이를 즐겼다는 기록이 있습니다. 사마광의 『투호격범』에는 다음과 같이 기록되어 있습니다.

"투호병은 입지름이 3치이고 귀의 입지름은 1치이며 높이는 1자이다. 병 속에는 팥을 채운다. 병은 던지는 이의 앉을 자리에서 2살(화살 2개) 반쯤 되는 거리에 놓고, 살은 1개를 사용하며 살의 길이는 2자 4치이다."

조선시대에는 주로 궁중에서 성행하였고, 양반들의 놀이였습니다. 놀이 방법은 일정한 거리에서 투호 통에 화살을 던져 누가 많이 넣는가를 겨룹니다. 과거에는 양반들의 놀이였으나 오늘날에는 누구나 하는 놀이가 되었습니다. 주로 명절에 고궁이나 민속촌 등지에서 쉽게 할 수 있고, 교과서에도 실려 있습니다.

하브루타 가이드

1. 도입

① 아이들이 경험했던 투호 놀이에 대한 이야기를 나눕니다.

- 투호 놀이를 해 본 적 있니?

② 주변에서 투호 놀이를 할 수 있는 물건들을 가져옵니다.

- 어떤 물건이라도 좋아. 투호 놀이를 할 수 있는 것들을 찾아보자.

③ 투호 놀이를 하며 어떤 것이 가장 잘 날아가는지 알아봅니다.

- 아이의 경험담을 끝까지 들어 주세요.
- 투호 통: 쓰레기통, 장난감 바구니, 연필꽂이 등
- 화살의 종류: 젓가락, 연필, 볼펜, 빗 등 던져 넣을 수 있는 모든 것이 재료가 됩니다.

2. 전개

① 나만의 투호 화살을 만듭니다.

- 어떤 방법이든 괜찮아. 투호 화살을 만들어 볼까?

② 나만의 화살로 다시 투호 놀이를 합니다.

③ 질문을 만듭니다.

- 투호를 만들면서 ○○는 어떤 질문이 떠올랐을까?

- 만들 때의 감정이나 느낌을 질문으로 만들어 볼까?

④ 만든 질문으로 대화를 나눕니다.

⑤ 투호 놀이를 더 잘 할 수 있는 방법이나 화살을 잘 만들 수 있는 방법 등을 추가로 더 찾아 만들어 봅니다.

① 잘 날아갔던 물건들을 생각하며 화살을 만듭니다. 처음에는 주어진 재료로만 만들어 보게 합니다.(신문지, 테이프)
⑤ 화살이 더 잘 날아가거나, 투호 통에 잘 들어갈 수 있도록 변형하거나 특수 기능을 넣는 방법을 찾아 만들어 봅니다.(예를 들면, 앞부분을 무겁게 하면 잘 꽂힙니다. 앞부분에 무게를 실어 보세요.)

3. 마무리

① 새롭게 만들거나 변형한 투호 통과 화살로 한 번 더 던져 봅니다. 새로운 아이디어를 찾았다면 화살을 다시 한 번 만들어 봅니다.

② 새로운 규칙을 만들어 다양하게 놀이를 합니다.

③ 투호 놀이가 아닌 '나만의 놀이 제목'을 붙여 봅니다.

- 우리가 만든 놀이에 어떤 제목을 붙여 주면 좋을까?

④ 활동들에 대한 나만의 소감을 이야기 나눕니다.

- 네가 직접 만들어서 투호 놀이를 해 본 소감이 어떠니?

• 아이들이 생각한 대로 다양한 방법으로 화살을 던져 봅니다.(한 발 들고 던지기, 뒤돌아서 던지기 등 자세를 바꾸어 놀아 보세요.)
• 내가 만든 장난감으로 놀았다는 뿌듯함을 선물해 주세요. 이미 알고 있는 놀이를 바꾸어서 더 재미있게 놀 수 있다는 것도 알게 해주세요.

하브루타를 만난 지 4년이 되어 가는 엄마와 9세 딸이 투호 놀이 하브루타로 뭉쳤습니다. 아이가 만든 질문을 먼저 공개합니다.

- 어떻게 만들면 잘 날아갈 수 있을까?
- 어떻게 하면 잘 넣을 수 있을까?
- 잘 만드는 방법이 있을까?
- 내 화살은 왜 잘 들어가지 않을까?
- 날개가 있으면 더 잘 날아갈까?
- 앞쪽이 둥근 모양이면 더 잘 들어갈까?

'어떻게 하면 잘 날아가서, 잘 들어갈까'에 집중한 질문이 느껴지나요? 아이는 나무 화살만 던져 봤다며 잘 날아가는 종이 화살을 만드는 방법에 몰두했습니다. "음… 나무처럼 조금 더 무거우면 잘 날아갈까?" 하더니 종이를 여러 장 겹쳐 무게를 늘려 보기도 하고, 비행기처럼 날개를 달아 보기도 하고, 앞을 둥글게 만들어 보려고 종이를 뭉쳐서 붙여 보기도 하고, 종이에서 벗어나 또 다른 재료들을 찾아다니며 화살을 만들었습니다.

만든 다음에는 가장 잘 들어가는 것부터 순위를 붙이고, 날아가는 모양이나 생김새로 이름도 지어 주는 등 다양하게 놀았습니다. 질문과 대화와 탐구가 한데 어우러져 즐겁고 유익한 시간을 보냈습니다.

연계도서 및 참고사항

『우리 놀이 백가지』, 이철수 글, 최재용 놀잇감 기획, 현암사, 2004.
『전래 놀이』, 토박이 기획, 함박누리 글, 홍영우 그림, 보리, 2016.
『전래 놀이야 놀자』, 장영주 글, 김선미 그림, 한국독서지도회, 2019.
『창의적 전통놀이와 전래 놀이』, 임혜수·정효원 공저, 창지사, 2018.

1. '투호 화살'을 만드는 다양한 방법

- 비행기처럼 날개 달기, 신문지 두 장으로 무게 추가하기, 앞부분에 연필 넣기, 색깔 테이프나 과자 봉지, 색종이, 매직으로 예쁘게 꾸미기 (실제로 옛날에도 화살에 무늬나 색을 넣어 예쁘게 만들었습니다.)

2. 다양한 전래 놀이

* 딱지치기
- 신문지나 잡지 등의 종이로 직접 딱지를 만들어 딱지치기를 합니다. 이 과정에서 '투호 놀이'처럼 질문으로 관찰력과 호기심을 키울 수 있도록 '과정'에 집중하면 좋습니다.
- "딱지치기의 승패를 다른 방법으로 바꿔 보면 어떨까?"라는 질문을 통해 단지 '뒤집기' 승패 방법이 아닌 다양한 방법을 찾아 창의력을 키워 보세요. 예를 들면, 직접 만든 딱지 뒷면에 미션을 적은 뒤 미션까지 수행해야만 가져갈 수 있도록 하는 방법도 있습니다. 이때 각자 적는 미션을 통해 개성이 드러나고 더 재미있어집니다.(미션 예 : 가족 모두에게 뽀뽀해 주기, 사랑해요 10번 외치기, 물구나무 서기 등)

* 제기차기
- 여러 재료를 사용하여 모양, 색깔, 재질 등이 다양한 나만의 제기를 만들며 질문과 토론을 병행합니다. 새로 만든 제기로 제기차기를 합니다.

* 고누
- 고누판을 다양한 모양으로 만들어 게임을 진행합니다. 질문과 토론으로 혼자 또는 둘이서 하는 고누가 아닌 여러 명이 함께할 수 있는 고누판을 직접 만들어 게임을 합니다.

나는 아이들과
부엌에서 놀았다

"엄마, 심심한데 우리 같이 놀아요."

"그래, 엄마랑 같이 뭐 하고 놀까?"

저는 네 아이의 엄마입니다. 가만히 돌아보니, 저는 아이들과 주로 부엌에서 놀았습니다. 큰아이가 혼자 앉을 수 있을 때 큰 통에 앉혀 놓고 따끈한 두부 한 모를 손에 쥐어 주었습니다. 아이는 두부를 맛보기도 하고, 손으로 으깨기도 하고, 비비기도 하며, 혼자만의 탐색 시간을 즐겼습니다. 저는 가만히 지켜보다가 아이와 눈이 마주치면 웃어 주면 되었습니다.

밀가루 반죽은 아이들이 최고로 좋아하는 단골 재료입니다. 수제비를 만들 때 아이들이 함께 참여하면 아이마다 자기가 좋아하는 모양으로 만들어

넣습니다. 하트 모양, 동물 모양, 동그라미 모양 등 저마다의 개성이 드러납니다. 덕분에 먹을 때도 더 맛있고, 가족간의 대화 재료가 되기도 합니다.

저는 하브루타보다 먼저 요리를 배웠습니다. 요리가 즐겁고, 아이들과 부엌에서 노는 것도 좋았습니다. 하브루타를 배운 후에는 제가 좋아하는 요리와 하브루타를 접목했습니다. 내가 자신 있고, 내가 좋아하는 요리에 하브루타를 더하니 열 배 이상의 효과가 나타났습니다.

요리 하브루타는 우리 아이와 놀면서, 이야기하면서, 한 끼 식사도 해결할 수 있는 최상의 아이템입니다. 아이들은 엄마가 가정에서 요리하는 모습, 또 각또각 재료를 자르는 소리, 음식이 완성되면서 나는 냄새 등에 안정감을 느낀다고 합니다. 그 과정에 자녀가 함께하며 질문과 이야기가 포함되면 어떤 장점이 추가될까요?

손도, 입도, 머리도, 마음도 즐거운 요리 하브루타

아이와 함께 재료를 다듬으면서 질문놀이를 합니다. "감자는 뿌리 식물일까? 줄기 식물인가?", "쑥은 언제 제일 많이 먹을까?", "돼지고기를 먹을 때 같이 먹으면 맛있는 건 뭐가 있을까?", "양파는 익히기 전과 후가 어떻게 다를까?" 등의 질문을 통해 재료의 특징, 제철음식의 특징, 재료의 손질 전후, 익힘 전후의 변화 등에 대한 생생한 배움까지 가능합니다.

칼과 불을 쓰기 전에 요리할 때 주의점에 대해서 질문하고 이야기를 나눕니다. 이런 경험을 통해 위험한 것을 조심스럽게 다루는 방법도 익힙니다. 실제로 아이들에게 칼을 쥐어 주면 얼마나 조심스럽게 다루는지 기특하고 대견합니다.

재료를 자를 때는, 자르면서 각각의 재료들이 어떤 느낌인지 느껴 보라고 말해 주면 좋습니다. 부드럽게 잘 잘리는 것, 단단해서 힘들게 잘리는 것 등 아이가 고스란히 느낄 수 있도록 체험하게 돕니다.

손질한 재료로 조리하는 동안 재료들이 어떻게 변하는지 질문하고 대화합니다. 채소의 색깔이 익으면 더 진해진다는 것, 달콤한 향이 나는 것 등을 발견하게 됩니다. 호기심 어린 질문과 대화로 관찰력과 탐구심을 키웁니다.

이런 과정을 거치며, 자신이 함께 만든 음식을 먹을 때 아이들은 어떤 기분일까요? 그 음식은 세상에서 최고로 맛있는 음식이 됩니다. 평소보다 밥을 두 배 이상 먹고, 안 먹던 채소까지도 먹어 편식을 덜하게 됩니다. 당연히 먹으면서도 '요리 과정'을 생각하며, 추가로 질문하고 이야기를 나눕니다. 풍성한 식탁 대화가 저절로 이루어집니다. 이렇게 엄마랑 요리 하브루타를 하고 난 뒤에는 일기에 쓸 내용이 많아지는 건 덤입니다.

요리 하브루타를 해야 하는 이유

요리 하브루타는 오감을 자극하는 융합 교육입니다. 재료를 만지며 느끼고(촉각), 알록달록 재료의 색깔과 조리 시 변하는 색깔을 보며(시각), 재료의 익기 전 냄새와 익을 때 나는 냄새를 맡으며(후각), 재료 썰 때 나는 소리와 음식이 끓을 때 나는 소리(청각), 재료를 조리하기 전 맛과 조리 후 맛(미각), 오감을 다 느낄 수 있습니다. 이와 더불어 사고력과 창의력, 상상력까지 키울 수 있는 요리 하브루타는 최고의 놀이이자 교육입니다.

우리 집 아이들은 저마다 엄마와 함께 만들었던 음식, '엄마' 하면 생각나는 음식이 있다고 합니다. 집에서 놀이처럼 경험한 요리에 대한 좋은 기억 덕분일까요? 우리 아이들은 먹고 싶은 음식이 있으면 같이 만들기도 하고, 부모의 생일상도 차려 주고, 요리하는 걸 재미있어 합니다. 여러분도 자녀와 행복하고 즐거운 요리 하브루타를 꼭 해 보세요.

8장

이런 것도(?)
하브루타 가이드

보고 듣는
모든 것이
하브루타

지금까지 그림책, 명화, 동화, 역사 등 다양한 하브루타를 경험하였습니다. 이외에도 하브루타할 수 있는 소재는 무궁무진합니다. 이 책에 실린 하브루타를 모두 실천했다면, 아마도 이쯤에는 하브루타할 소재들이 많이 보일 것입니다. 이번 장에서 소개하는 동시, 게임, 랩 이외에도 동요, 사자성어, 속담, 뉴스, 영화 등 다양한 소재를 하브루타에 접목할 수 있습니다.

짧고 굵은 동시 하브루타

그림책이나 동화보다 길이가 짧은 동시는 아이들과 함께 읽고 하브루타하기 좋은 소재입니다. 동시 하브루타를 위해서는 아이들이 좋아하거나, 질문으로 생각을 나누기 좋은 동시를 잘 선택해야 합니다. 교과서에 수록된 동시를 골라도 좋습니다. 이 경우는 학습과도 연결할 수 있습니다.

동시는 짧은 글 속에 많은 의미가 담겨 있기 때문에 읽는 이의 마음과 생각에 따라 다양한 해석이 나올 수 있습니다. 이 과정에서 비유와 상징에 대해 이해할 수 있고, 작가가 동시를 쓴 이유도 짐작해 볼 수 있습니다.

동시로 이야기를 나눈 후 같은 주제에 대해 동시를 쓰거나, 자신의 감정을 그림이나 노래로 표현해 봅니다. 어린아이들일수록 이런 과정을 거치고 동시 쓰기를 제안하면, 훨씬 수월하게 시를 씁니다. 왜냐하면 시란 자신의 감정과 생각을 짧은 글로 드러내는 것이기 때문입니다.

게임 하브루타로 내 아이와 대화하기

아이들의 최대 관심사이자 엄마와 아이의 갈등을 유발하는 인터넷 게임도 최고의 하브루타 소재입니다. 왜냐하면 누구나 자신이 좋아하는 것에 대해 이야기 나누는 것을 좋아하기 때문입니다.

많은 부모가 게임 하브루타를 한 후에 아이의 열정적인 반응에 놀라워합니다. 게임을 소재로 하브루타를 하면, 아이는 말이 많아집니다 하지만 엄마는 알아듣지 못해 재미가 없거나, 어려울 수도 있습니다. 이번만은 부모가 인내심을 갖고, 아이가 좋아하는 것에 귀 기울이기를 추천합니다.

게임 하브루타를 하기 위해서는 아이가 좋아하는 게임을 선택하면 됩니다. 그 게임을 잘 아는 아이에게 게임 설명을 맡깁니다. 게임의 원리, 캐릭터 등의 설명을 잘 듣고, 따뜻하고 부드럽게 궁금한 것을 질문하면 하브루타가 시작됩니다. 만약에 아이도 모르는 게 있다면 함께 찾아보면 됩니다. 이를 통해 아이가 게임을 왜 좋아하는지, 게임의 장단점은 무엇인지도 서로 이야기를 나눌 수 있습니다.

아이의 관심사에 진심으로 귀 기울이고 아이가 얼마나 행복해하는지를 진심으로 느꼈다면 게임 하브루타는 성공입니다. 그런 후 게임 시간이나 방법에 대해서도 하브루타를 한다면 어떤 일이 생길까요? 게임에 대해 아이와 즐겁게 대화 나누고, 문제해결 방법을 찾는 것이 바로 게임 하브루타의 장점입니다.

yo! 하브루타!

청소년들 사이에 인기 있는 힙합(랩). 텔레비전 프로그램의 힙합(랩) 경연대회는 시즌을 이어 가며 청소년들의 높은 관심을 받고 있습니다. 청소년들은 래퍼들의 노래를 따라 부르거나 그들의 옷차림을 흉내 내기도 합니다.

랩으로도 하브루타를 할 수 있습니다. 랩 역시 아이들이 좋아하는 소재라는 장점과 랩의 가사가 가진 비유와 상징을 하브루타를 통해 느낄 수 있기 때문입니다. 청소년 시기의 아이와 함께 대화를 나누고 싶은데 마땅한 소재가 없다면 랩으로 하브루타하기를 추천합니다. 같은 이유로 랩만이 아니라 가요, 팝송도 좋은 소재입니다.

랩 하브루타 역시 아이에게 선택권을 주어 아이가 좋아하는 랩, 인기 있는 랩을 선정합니다. 랩 선정을 했다면 일단 들어 봅니다. 빠른 속도로 가사가 지나가 버려 제대로 안 들릴 수도 있습니다. 이때 누가 더 많은 가사를 들었는지를 '놀이'처럼 해도 좋습니다. 이후 랩 가사를 읽고 하브루타합니다. 이 과정에서 아이의 생각과 감정을 나눌 수 있습니다. 마무리 활동으로는 나만의 랩 가사를 쓰고 무료 비트에 맞춰 랩을 해 보는 재미있는 경험을 추천합니다.

이런저런 모든 것이 하브루타!

저는 아이들(고1, 중1, 초4)과 하브루타로 신문 읽기(시사 하브루타)를 하고 있습니다. 하브루타를 접하기 전에는 아이들에게 어려운 사설이나 기사를 주고 무작정 글을 써서 내라고 했습니다. 하지만 이 방법은 아이들도 저도 힘들기만 했습니다. 그래서 고민하다가 하브루타로 신문을 함께 읽기 시작했습니다.

처음에는 신문에 나오는 사진이나 그림을 보며 질문을 만들었습니다. 제목이나 짧은 기사를 가리고 오직 사진만 보며 어떠한 내용일지 추론해 보았습니다. 이렇게 추론의 시간을 가진 후 기사를 보며 어떠한 내용인지 파악했습니다. 질문을 만들고 이야기를 나누며 그 사건에 대해 함께 알아갔습니다. 아이들의 반응은 생각보다 좋았습니다. 신문에 나온 내용과 더 알고 싶은 정보를 스스로 검색하는 능동적인 모습을 보였습니다. 짧은 시간에 아이들이 변화할 수 있었던 것은 함께 질문하고 이야기를 나누었기 때문입니다.

하브루타는 아이와 함께 이야기를 나누고 싶은 모든 소재로 가능합니다. 특히 아이가 좋아하는 것으로 하브루타를 시작하면 더 좋습니다. 아이가 관심 갖고 있는 아무거나요!

꺼지지 않는 컴퓨터
동시 하브루타

대상 초등 3학년 이상
난이도 ★★★☆☆
재미 ★★★☆☆

#동시 하브루타 재밌네? #내 머릿속이 궁금해
#게임 넌 어떻게 그만두니? #내가 짓는 동시 #집착과 몰입

선정 이유

동시는 긴 글을 읽기 힘들어하는 요즘 아이들에게 마음과 마음을 연결하고 공감을 형성하기에 적합한 문학입니다. 동시와 하브루타가 만나면 동시 제목 유추하기, 동시 느낌 표현하기, 경험 나누기 등으로 이야기꽃이 피어납니다. 동시가 질문을 만난다면 어떨까요? 질문을 만들고 이야기를 나누는 과정에서 아이들은 동시 주인공의 마음과 생각을 더 깊이 이해하고, 공감합니다. 이를 통해 동시에 담긴 메시지를 찾고, 동시에 자신의 삶을 비추어 성찰할 수 있습니다. 덕분에 동시 짓기가 쉬워집니다. 쉽고 짧지만 울림 있는 동시 하브루타를 추천합니다.

작품 설명

이 동시는 『어린이 인성사전』(김용택 글, 김세현 그림, 이마주, 2015)에 실린 시 중 한 편입니다. 이미옥 시인이 쓴 것으로 53개의 가치, 인성 단어 중 '절제'의 의미를 담고 있습니다. 시인은 게임 중독에 빠진 주인공이 혼자의 힘으로는 그 문제를 해결할 수 없게 되자 누군가에게 간절히 도움을 요청하는 내용을 표현했습니다. 주인공은 게임이 끝난 후에도 머릿속에서 꺼지지 않는 컴퓨터 화면 때문에 힘이 듭니다. 아무리 노력해도 머릿속은 온통 게임으로 가득합니다.

동시 속 주인공처럼 우리의 머릿속도 그 무엇인가로 꽉 차 있습니다. 그것은 무엇일까요? 하브루타하기 참 좋은 동시입니다.

연계도서 및 참고사항

이 시는 유튜브로도 감상할 수 있습니다.(https://youtu.be/nnJWOsR5onE)
또한 동시로 즐기는 스토리 창작 보드게임 '동시팝 쿠키'에도 수록되어 있습니다.

하브루타 가이드

1. 도입

① 요즘 내 머릿속을 가장 크게 차지하고 있는 생각은 무엇인지 이구동성으로 외쳐봅니다.

  - 엄마가 셋을 세면 동시에 외쳐 보는 거야. 하나, 둘, 셋!

② 글과 그림으로 '내 머릿속 지도'를 그려 봅니다.(워크북 51쪽)

  - 방금 우리가 말한 것이 '내 머릿속 지도'에 얼마만큼 차지할까? 그 밖의 생각 들까지 모두 담아서 표현해 보자.

③ 각자 '내 머릿속 지도'를 그린 후 발표합니다.

④ 궁금한 것은 질문을 통해 서로 이해하는 시간을 갖습니다.

⑤ '내 머릿속 지도'를 표현해 본 느낌과 가족의 머릿속 지도를 본 느낌을 이야기 나눕니다.

  • 내 머릿속 지도 그리기의 샘플은 추가 활동 아이디어(244쪽)에 있습니다.
  • '내 머릿속 지도'에는 긍정적, 부정적인 것들이 섞여 있을 수 있습니다. 자녀가 마음껏 표현할 수 있는 편안한 분위기를 만들어 줍니다.

2. 전개

① 동시 제목으로 느낌을 나눕니다.

② 어떤 이야기가 담겼을지, 어떤 문장으로 표현했을지 상상해 봅니다.

③ 동시에 감정을 실어 낭송합니다.

④ 동시를 읽은 후 느낌을 자유롭게 말합니다.

⑤ 동시와 비슷한 경험이 있는지 이야기를 나눕니다.(내 머릿속 지도와 겹쳐 질 수 있습니다.)

⑥ 동시를 읽으면서 질문을 만듭니다.

⑦ 질문을 공유하고, 대표 질문을 고릅니다.

⑧ 대표 질문으로 토론합니다.

　② 동시와 비슷한 경험을 공유하다 보면 다양한 문장 표현을 찾을 수 있습니다.

　④ 동시 속 문제에만 포인트를 두지 않고, 머릿속을 가득 메우는 긍정적인 것들에 관해서도 이야기를 나눕니다.

　⑤ 부정적인 경험, 긍정적인 경험이 나에게 어떤 영향을 주었는지도 이야기 나누면 좋습니다.

3. 마무리

① 동시에서 나만의 메시지, 미덕을 찾아 나눕니다.

② 내가 그린 '내 머릿속 지도'를 보며 마음에 드는 주제어를 골라 동시를 지어 봅니다. 함께 읽은 동시를 응용해도 좋습니다.

③ 각자의 동시를 발표합니다.

④ 가족의 동시를 보며 미덕 표현으로 칭찬을 해 줍니다.

　- 아빠의 동시는 '믿음직함'의 미덕이 빛나요.

241

- 미덕(버츄) 단어는 다양하게 찾을 수 있습니다. 버츄 프로젝트의 미덕 단어는 워크북 8쪽을 참고하면 됩니다.

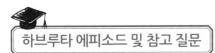

하브루타 에피소드 및 참고 질문

초등 4학년 5명과 동시 하브루타를 했습니다. 장난기가 다분한 남자아이들은 거침없이 자신의 머릿속을 표현하고 여자아이는 아주 신중했습니다. 남자아이들의 머릿속 지도에는 압도적으로 게임이 많았고, 그 밖에 운동, 놀기, 만화책 등이 있었습니다. 여자아이는 숙제, 졸림, 놀기, 학원, 학습지 순으로 그려졌습니다. 각자가 내 머릿속 지도를 소개하는 동안 성별, 성향의 차이는 물론 요즘 아이들의 마음도 엿볼 수 있었습니다.

제목이 없는 동시를 주인공의 심정으로 각자 읽어 보았습니다. 처음에는 장난처럼 읽더니 끝부분에 가서는 마치 본인들 이야기인 것처럼 절박하게 외쳤습니다. 질문과 토론은 게임과 게임 중독을 주제로 열띠게 진행되었습니다. 그 덕분에 자신이 가장 좋아하는 것을 주제로 동시 한 편을 뚝딱 썼습니다.(아이들의 진심이 가득 담긴 동시는 추가 활동 아이디어에 수록되어 있습니다.) 아이들도 저도 동시와 더 친해지는 시간이었습니다. 동시 쓰기까지 꼭 해 보기를 권합니다. 아이들의 질문을 자세히 살펴보면 마음이 보입니다.

- 이 동시는 어쩌다가 만들어졌을까?

- 이 아이는 게임 중독일까?

- 게임을 몇 시간 하면 게임 중독이라고 할까?

- 얼마나 게임을 많이 했기에 이렇게 된 것일까?

- 만약에 이 컴퓨터 화면이 머릿속에서 꺼지지 않고 계속 켜져 있으면 어떻게 될까?

- 머릿속에서 게임을 지울 수 없는 걸까?

- 사람들은 게임을 나쁘다 하면서 왜 게임 용품을 자꾸 만들어 낼까?

- 내가 이 아이라면 게임 중독을 어떻게 예방할까?

연계도서 및 참고사항

『글자 동물원』, 이안 글, 최미란 그림, 문학동네 동시집, 2015.
『너에게도 안녕이』, 나태주 글, 창비, 2020(청소년 시집).
『무지개가 뀐 방이봉방방-김창완 동시집』, 김창완 글, 문학동네, 2019.
『별을 사랑하는 아이들아-윤동주 동시집』, 윤동주 글, 신형건 그림, 푸른 책들, 2016.
『시가 있는 바닷가 어느 교실』, 최종득 글, 양철북, 2018(부모용).
『어린이 인성사전』, 김용택 글, 김세현 그림, 이마주, 2015
『운동장 편지』, 복효근 글, 창비교육, 2016(청소년 시집).
『정호승 동시집-참새』, 정호승 글, 정지예 그림, 처음주니어, 2010.
『팝콘교실』, 문현식 글, 이주희 그림, 창비, 2015.

1. 내 머릿속 그림 그리기

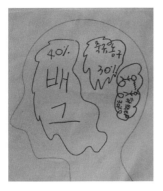

머리 모형에 표현하기

스크래치 종이에 표현하기

2. 동시 짓기

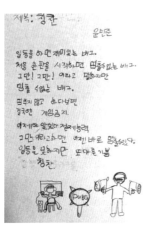

칭찬

윤민준

일등을 하면 재미있는 배그

처음 한 판을 시작하면

멈출 수 없는 배그

그만! 그만! 이라고 말하지만

멈출 수 없는 배그

멈추지 않고 놀다 보면

결국엔 게임 금지

이제야 알았다, 절제능력

그만이라고 하면 이젠 바로 멈출 수 있다

일등은 못하지만 또 다른 기쁨

칭찬

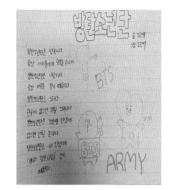

방탄소년단

조한별

방탄소년단은 행복이다

항상 아이들에게 행운을 주니까

방탄소년단은 사랑이다

항상 사랑을 받기 때문이다

방탄소년단은 스타다

한국에 없으면 안 될 스타니까

방탄소년단은 조한별 인생에

없으면 안 될 존재다

방탄소년단은 내 인생에

기쁨과 행복, 사랑을 주기

때문이다

로블록스, 마인크래프트
게임 하브루타

대상 게임을 좋아하는 누구나
난이도 ★★☆☆☆
재미 ★★★★★

#가족의 행복 #도전! 게임왕 #자녀와의 전쟁?
#와~우리 엄마가 웬일? #엄마는 게임 공부 중
#게임의 세계에서는 자녀가 선생님

선정 이유

인터넷 게임, 스마트폰 게임, 게임 때문에 아이들과 전쟁을 치르나요? 피할 수 없다면, 이 게임을 이용할 수 있는 방법은 무엇이 있을까요? 게임 하브루타를 통해 긍정적으로 활용할 수 있는 방법을 찾아보면 좋겠습니다. 많은 부모가 공부의 방해물, 대화의 방해물이라 여기는 게임을 대화의 매개체로 활용해 보는 것이 게임 하브루타입니다. 게임을 좋아하는 모든 연령층의 자녀를 둔 부모에게 추천합니다. 주의사항은 '네가 좋아하는 것을 존중한다.'는 마음으로 시작해야 합니다. 하브루타는 대화입니다. 대화는 서로 존중하지 않으면 진행될 수 없습니다. 게임 하브루타를 통해 서로를 더 많이 이해하고 친해지는 시간이 되기를 바랍니다.

게임 설명

* 로블록스 – 2004년 데이비드 바스저키와 에릭카셀이 설립한 로블록스 코퍼레이션에서 만든 롤플레잉 게임입니다. 로블록스 내에서 유저들이 자유롭게 게임을 만들어 올리기 때문에 콘텐츠가 많고 남녀노소 모두 즐겨 하는 게임입니다.

* 마인크래프트 – 게임계의 레고. 마인크래프트의 그래픽은 최근 게임과 비교해 보면 부족해 보일 수도 있습니다. 하지만 이는 단점이자 커다란 장점입니다. 유저의 상상력을 자극해 게임을 보다 실감나게 해 줍니다. 마인크래프트는 유저들의 거대한 놀이터입니다.

* 브롤스타즈 – 브롤스타즈는 3대 3 전투를 기본으로 하고 AOS(양 진영으로 나누어 적의 본진을 부수는 공성전 게임 장르), 배틀로얄(자신을 제외한 모두를 제거하고 살아남는 액션, 생존 게임 장르) 등의 다양한 장르를 가볍게 간소화한 슈퍼셀(게임 회사)의 모바일 슈팅 게임입니다.

하브루타 가이드

1. 도입

① '게임'이라는 단어로 각자의 마인드맵을 그려 봅니다.

② 서로의 마인드맵을 비교하며 이야기를 나눕니다.

- 엄마가 모르는 단어가 많네. 이 단어는 무슨 뜻이니?

③ 아이가 가장 좋아하는 게임을 배웁니다.

- 네가 좋아하는 게임을 설명해 줄 수 있겠니?

④ 부모가 직접 게임을 해 봅니다.

⑤ 게임을 해 본 후 서로 느낌을 나눕니다.

- 게임을 가르쳐 준 기분이 어때? 엄마가 게임하는 걸 보면서 어떤 생각이 들

  었니? 엄마가 이 게임을 직접 해 본 소감은~

- 마인드맵을 비교할 때 충고, 조언, 비판 등은 하지 않도록 합니다.
- 아이가 게임을 설명할 때는 진지하고 적극적으로 경청합니다. 모르는
  것은 질문하며 배웁니다. 이 과정을 통해 아이가 느낄 뿌듯함과 행복
  을 상상해 보세요.

2. 전개

① 직접 해 본 게임에 대해 궁금한 것을 질문으로 만듭니다.

② 아이랑 질문을 공유하고 대표 질문을 고릅니다.

③ 대표 질문에 대해 이야기를 나눕니다.

④ 충분히 이야기를 나눈 후 더 찾아볼 정보가 있으면 함께 찾습니다.

④ 게임 이름이나 캐릭터 이름은 신화에서 따온 경우가 많습니다. 이러한 부분에 대해 파고들면 새로운 지식 세상에 입문할 수도 있습니다. 관련 도서나 인터넷을 활용해서 찾습니다.

3. 마무리

① 게임 하브루타 후 '느낀 점, 깨달은 점, 실천할 점'을 구체적으로 기록하고 이야기를 나눕니다.

- 엄마는 오늘 ○○가 게임을 가르쳐 주는데 너무 잘 가르쳐 줘서 이해하기 쉬웠어. 우리 ○○가 설명을 잘한다는 것을 깨달았고, ○○의 설명에 감동받았어.

② 게임에서 추가하고 싶은 아이템이나 캐릭터를 그림으로 그려 보거나 클레이로 만들어 봅니다.

- 게임을 소재로 일기를 쓸 수 있음을 알려 주세요.
- '느낀 점, 깨달은 점, 실천할 점'을 바탕으로 하여 게임 일기를 쓰면 보다 쉽게 일기를 써 볼 수 있습니다.
- 아이템이나 캐릭터를 만들어 본 후 아이와 이야기를 나눠 봅니다.

엄마 요즘 우리 아들이 가장 재밌게 하는 게임은 뭘까?

아들 좀비고, 로블록스예요.

엄마 로블록스에 대해 설명해 줄래?

아들 로블록스는 플레이어가 모든 거를 다 만들어요. 캐릭터는 제가 직접 만드는 거예요. 아바타에 들어가면 많이 꾸밀 수 있어요. 그래서 꾸미는 재미가 있어요.

엄마 네가 직접 만든 캐릭터는 어떤 거야?

아들 제 캐릭터는 여자예요.

엄마 (순간 솔직히 많이 놀랐지만 침착하게) 왜 아들은 남잔데 여자 캐릭터를 하지?

아들 그럴 수도 있잖아요.

엄마 물론 그럴 수도 있는데 아들은 남잔데 캐릭터가 여자인 게 궁금해서 물어보는 거야.

아들 게임에서 채팅할 때 성별을 알리고 싶지 않은 것도 있고요. 여장하는 게 좀 더 재밌고 꾸밀 액세서리도 많고 예뻐요. 남자는 꾸밀 게 별로 없어요.

다른 어느 때보다 아들의 말이 많아지는 하브루타였습니다. 이 하브루타의 목적은 대화를 하여 게임 시간을 줄이고자 시작한 것이 아닙니다. 대화를 통해 아이의 생각을 알고, 이해하기 위한 시간입니다. 사실 부모의 염려와 걱정을 아이들이 모르지 않습니다. 직접 아이가 좋아하는 게임에 관심을 갖고 말을 걸어 보면 알게 될 것입니다.

다음은 초등생 자녀로부터 마인크래프트를 배운 뒤 엄마와 아이들이 만든 질문입니다. 아이들 질문을 눈여겨보세요. 게임 하브루타로 어떤 이야기를 나눌 수 있을지 짐작이 갈 것입니다.

엄마 질문

- 마인크래프트(마크)는 무슨 뜻일까?
- 마크 세상은 청동기시대나 철기시대가 아닐까?
- 마크는 누가 만들었을까?
- 밤이 되면 침대를 만들고 낮이 되면 침대를 부수는데 재산 축적이란 건 없을까?
- 자신만의 세상을 만들다 보면 재미에 빠져 자제가 힘들지 않을까?
- 이 게임의 최고 수준은 어느 단계일까?
- 마크 게임을 하면 어떤 점이 좋을까?
- 온라인 게임 수명은?
- 마크 게임은 매일 조금씩 하는 것이 좋을까? 아니면 한 번에 오래 하는 게 좋을까?
- 친구들과 온라인에서 마크 게임을 하면 협력 관계일까? 경쟁 관계일까?

아이들 질문

초5 남아

- 마크는 누가 만들었을까?

- 왜 매번 업데이트를 할까?

- 마크 세상은 왜 네모일까?

- 물건을 들 때 왜 거의 오른손으로만 들까?

- 불사의 토템은 왜 있을까?

초4 여아

- 마크는 왜 유료가 많을까?

- 마크를 모티브로 한 게임이 많은데 제작자는 기쁠까? 슬플까?

- 마크 세상은 우리 세상보다 낫다. 그렇다면 우리는 그 게임을 즐길 여유와 마
  음이 있을까?

- 마크를 통해 내 삶의 계획을 짤 수 있을까?

- 마크를 하면 제2의 나를 볼 수 있지 않을까?

연계도서 및 참고사항

『게임으로 공부하는 아이들』, KBS 다큐세상 「게임 ,공부의 적일까요?」 제작팀, 상상박
물관, 2019(부모용).
『포노사피엔스』, 최재붕 지음, 쌤앤파커스, 2019(부모용).
KBS 다큐세상 「게임, 공부의 적일까요?」, 2018(부모용).

게임 일기

로블록스는 자신만의 캐릭터를 만들어 메뉴에 있는 여러 게임 중에 하나를 골라서 플레이하는 게임이다. 메뉴에 있는 모든 게임이 로블록스 플레이어들이 만든 게임이기 때문에 다양한 종류의 게임을 할 수 있다. 자기가 좋아하는 게임을 골라서 하는 재미가 있다.

오늘은 Prison life(감옥생활) Mansion(맨션)을 했다. Prison Life는 아무 죄 없는 사람이 죄수가 되어 감옥을 탈출하는 스토리다. 경찰, 죄수로 플레이를 할 수 있다. 경찰은 죄수와 자유인의 공격을 막고, 올바르지 않은 짓을 한 죄수를 처벌할 수 있다. 죄수는 탈옥하기 위해 달려야 한다. 경찰은 경찰대로, 죄수는 죄수대로 노력을 해야 한다. 무엇이든지 노력을 해야 좋은 결과가 나오는 것 같다.

게임을 많이 하면 계속 하고 싶어지는 단점이 있다. 그래서 규칙을 만들었다. 시간 정하고 하기, 계속 게임하지 않기, 게임을 나쁜 곳에 이용하지 않기.

오늘 게임을 하면서 경찰은 경찰대로, 죄수는 죄수대로 노력해야 좋은 결과가 따른다는 것을 알았다. 그리고 협동도 배웠다. 죄수들이 협동해서 탈옥하고, 경찰들이 협동해서 막는 것도 인상 깊었다.(초5)

Full Speed Ahead(화나)
힙합 하브루타

대상 중고등 이상
난이도 ★★★★☆
재미 ★★★★☆

#나도 래퍼다 #고등래퍼 봤니? #나도 곡 써 봤다
#니들이 인생의 맛을 알아? #내 삶의 소울을 담다

선정 이유

　노래는 마음이 힘들거나 지칠 때 우리 곁에서 위안이 되는 것 중 하나입니다. 사람들은 노래를 통해 상처를 치유하거나 힘을 내고 용기를 얻습니다. 노래 속 가사가 마치 우리의 마음인 것처럼 공감하기 때문입니다.

　정신과 전문의들은 음악(노래)이 긴장을 완화해 주고, 이를 이용한 표현과 탐색적 작업을 통해 갈등이 감소한다고 말합니다. 이것이 바로 음악치료입

- 가사가 귀에 잘 들리니? 엄마는 가사가 너무 빨리 지나가서 무슨 말인지 잘

모르겠던데 우리 한 번 더 들어 볼까?

② 음악을 다시 들으며 들리는 단어를 적어 봅니다. ☁TIP

③ 내가 적은 단어들을 토대로 이 노래의 제목을 지어 보고 그 이유에 대해

서도 이야기를 나눕니다.

④ 가사를 읽으며 궁금한 것을 질문으로 만듭니다. ☁TIP

- 마음에 드는 문장에서 질문을 만들어도 좋아.

- 우리 '만약에~', '나라면~'을 넣어 나와 연결하는 질문도 만들어 보자.

⑤ 만든 질문을 공유하며, 대표 질문을 고릅니다.

⑥ 대표 질문을 중심으로 궁금한 질문에 대해 토론합니다.

☁TIP

② 노래를 들으면서 단어를 적을 때 아이와 의논한 후 한 번으로 부족하

다면 한 번 더 들어봐도 좋습니다.

④ 질문을 적을 때 가사 분량이 많으면 아이와 함께 일부만 정해서 질문

만들기를 해도 좋습니다.

3. 마무리

① 노래에서 나의 메시지를 찾고 서로 이야기 나눕니다.

② 무료 비트(랩을 할 때 배경으로 깔아 놓는 반복되는 음악)를 골라 나만의 랩

가사를 만듭니다.

③ 나만의 랩의 메시지가 무엇인지 이야기 나눕니다.

- 유튜브나 인터넷에서 '무료 비트'로 검색해 그중 마음에 드는 비트를 고릅니다. 비트 없이 자신의 스타일대로 만들어 가족들과 실내 공연을 해도 좋습니다.

하브루타 에피소드 및 참고 질문

고1, 중1, 초4 아이들과 화나의 'Full Speed Ahead'를 듣고 하브루타를 했습니다. 평소 아이들이 좋아하던 래퍼가 아니었음에도 아이들과 생각을 나누는 귀한 시간이 되었습니다.

초등학교 4학년인 막내는 형들을 보며 자연스레 참여했습니다. 가사를 읽으며 막내는 "자신감이 있으면 아무 곳으로 뛰어들어도 되는 걸까?"라는 질문을 했고, 그 질문에 자신감을 갖는 건 좋지만 상황을 보고 행동하는 것이 좋겠다고 말했습니다.

중학교 1학년인 둘째는 평소 꿈이나 장래 희망을 이야기하는 걸 어려워했습니다. 아이는 "꼭 꿈을 가져야 할까?"라는 질문을 통해 꿈이 뭐냐고 묻는 질문이 힘들고 답답하다며 자신의 속마음을 털어놓았습니다. 아이는 긴 이야기 끝에 "꿈까지는 아니더라도 어느 정도의 목표는 있으면 좋겠다는 생각은 들어."라고 덧붙였습니다. 짧은 질문으로 자신의 마음을 말하고 스스로 나름의 생각을 정리하는 둘째를 보며 감사함을 느꼈습니다. 랩 하브루타 덕분입니다.

자신의 꿈과 진로에 나름의 소신을 가지고 있던 큰아이가 "나는 정해져 있는 길을 뒤따라가지 않고 있을까?"라는 질문을 했을 때 되물었습니다.

엄마 : 정해진 길을 뒤따라간다는 것이 어떤 의미야?

현수 : 부모님이 하라는 대로 공부하고, 학원 가고, 학교 가는 거, 그런 게 아닐까?

엄마 : 그럼 너는 정해진 길을 뒤따라가는 중이야?

현수 : 아니, 난 엄마 아빠가 시키는 대로 하지는 않아. 그냥 내가 하고 싶은 걸 하니까, 내가 가고 싶은 길을 가는 거지.

엄마 : 그렇구나. 그런데 힘들지는 않니?

현수 : 괜찮은데, 내가 좋아하는 거니까. 그냥 하는 거지. 누가 시킨다고 할 수는 없는 거 같아.

평소 아이와 쉽게 나눌 수 없는 이야기를 랩 가사를 통해 나눠 볼 수 있었습니다. 다음은 하브루타를 함께한 세 아이의 질문입니다.

초4 남

- '정해져 있는 길'이 뭘까?

- 자신감이 있으면 아무 곳으로 뛰어들어도 되는 걸까?

- (삶이) 한 번씩은 힘들어지는데 그때마다 격려가 되는 게 있을까?

- 만약 내가 이 노래를 만든다면 어떻게 했을까?

중1 남

- 정해져 있는 길이라는 게 졸업을 한 뒤 돈을 버는 것일까?

- 자신감은 마음먹는다고 갖게 되는 걸까?

- 꿈이 없으면 앙상하고 무미건조한 삶일까?

- 꼭 꿈을 가져야 할까?

고1 남

- 좀 신나게 할 수는 없었나?

- 이정표는 어디로 안내할까?

- 꼭 실패를 해야 하는 걸까?

- 나는 정해져 있는 길을 뒤따라가지 않고 있을까?

이렇게 함께 이야기를 나눈 뒤 아이들은 '목표를 꼭 이루자.'(초4), '목표를 가져라.'(중1), '하고 싶은 일을 해라.'(고1)는 짧지만 의미 있는 메시지를 적어 주었습니다.

1. 랩으로 역사 공부

2016년 MBC「무한도전」에서 설민석과 함께한 역사와 힙합의 컬래버레이션을 선보였습니다.(위대한 유산 506회, 507회, 513회) 이 프로그램에서 탄생한 6곡의 역사 랩 중 하나를 골라서 하브루타하면 랩으로 역사 공부도 할 수 있습니다.

- 하하&송민호 '쏘아' : 임진왜란을 승리로 이끈 이순신 장군
- 황광희&개코 '당신의 밤' : 시인 윤동주의 삶과 '별 헤는 밤'
- 유재석&도끼 '처럼' : 역사 속 위인들의 명언
- 박명수&딘딘 '독도리' : 독도가 우리 땅인 역사적 근거
- 양세형&비와이 '만세' : 안중근 의사와 의열단
- 정준하&지코 '지칠 때면' : 세종대왕에 대한 존경과 현 시대의 고민

2. 초등 친구들과 하기 좋은 힙합

힙합 문화의 특성상 랩 가사에는 거친 언어들이 등장하기도 합니다. 초등 자녀들에게는 어린이들을 위해 만든 랩을 추천합니다.
『최승호 뮤지의 랩 동요집』, 최승호 글, 뮤지 노래, 중앙북스, 2015.
『힙합유치원』, 데프콘 작사, 작곡, 뮤직섬 앨범, 2009.

3. 중·고등 친구들과 하기 좋은 힙합 노래

「고등래퍼」 시즌 1~3
Full Speed Ahead - 화나(FANA)

라디오에서 들은 노래 한 곡이
즐거운 하브루타로!

집에 있으면 라디오를 즐겨 듣습니다. 2018년 어느 날 생소한 노래가 흘러나왔습니다. 1분 30초, 짧지만 예쁜 노랫말을 가진 착한 노래가 무척 마음에 들었습니다. '옥상달빛'이 아프리카 여행 후 만든 노래라고 했습니다. 궁금해서 더 찾아보았습니다.

옥상달빛은 지난 2012년 아프리카의 잠비아에서 몇 천 원이 없어서 아이들이 죽어 가고, 염소 몇 마리만 있으면 일가족이 생존을 걱정하지 않아도 된다는 사실을 알게 되었다고 합니다. 그때 보고 느낀 것을 담아 만든 노래가 바로 저를 감동시킨 '염소 4만 원'입니다. 순간 '아! 그래, 이 노래로 하브루타를 해 보면 참 좋겠다!' 싶었습니다. 어떻게 진행하면 좋을지 구상하고 자료를 찾는 동안 정말 신이 났습니다. 아이들의 반응, 질문, 함께 나눌 이야기가 기대되었거든요. 라디오를 듣다가 알게 된 노래로 느닷없이 하브루타를 하다니…. 아무렴 어떤가요. 즐거운 배움과 성장, 깨달음이 있다면 하브루타 소재는 아무거나 가능합니다.

옥상달빛의 '염소 4만 원' 노래 가사에는 '너희들은 염소가 얼만지 아니? 몰라. 아프리카에선 염소 한 마리 4만 원이래. 싸다. 하루에 커피 한 잔 줄이면, 한 달에 옷 한 벌 안 사면, 한 달에 염소가 네 마리'라는 노랫말이 머리에 콕콕 박힙니다. 초등 4~5학년 6명 아이에게 노래를 들려 주고, 노래 제목 짓기, 느낌 나누기를 했습니다.

예상대로 노래가 재미있다며 즐겁게 따라 부르고, "오늘 따라 질문이 어렵지 않다."며 술술 써 내려가는 아이들을 보며 덩달아 신이 났습니다. 그 질문으로 함께 대화하고, 더 궁금해진 것은 제가 준비한 자료로 해소한 후 '10글자 소감 표현하기'로 마무리했습니다.

'염소 한 마리 놀라운 기적 / 나는 어떤 나눔을 해 볼까 / 노래 하브루타 또 하지요' 10글자 표현에 감동하며 마무리한 '노래 하브루타'입니다. 노래 한 곡과 하브루타가 만난 멋진 컬래버레이션이었습니다. 1년이 지난 요즘도 아이들은 종종 이 노래를 흥얼거립니다. 노래와 함께 우리가 나누었던 이야기도 따라다니면 좋겠습니다.

처음에는 무서웠던(?) 하브루타

하브루타를 처음 알게 되었을 때는 생소한 단어인 만큼 질문 만들기도 어렵고 짝과 대화를 나누는 것이 두려웠습니다. 다른 사람들 앞에서 짝과 내 생각을 정리해서 표현하는 것은 더더욱 곤혹스러웠습니다. 말주변도 없고 낯가림이 심해 사람들 앞에 서면 덜덜 떠는 저에게 하브루타는 무서움이었습니다.

이 정도면 평계를 대어서라도 빠졌을 법한데, 중도에 포기하지 않았습니다. 왜 덜컥 심화 과정까지 듣게 되었는지는 지금도 모르겠습니다. 정말 느리게 느리게 하나씩 배워 나갔습니다. 여전히 질문을 만들고 대화를 나누는 것이 힘들지만 여러 사람과 함께 배워 나가는 즐거움을 조금씩 알게 되었습니다.

하브루타를 배우자마자 가족 안에서 실천하고자 초등 형제 둘을 앉혀 놓고 도전했습니다. 내 마음대로 흘러가지 않아 아이들을 혼낸 적도 있습니다. 그러니 아이들도 재미를 느끼지 못했습니다. "엄마랑 하브루타할래?"라는 말에 평계를 대는 아이들을 보면서 나의 잘못을 깨달았습니다. 내가 좋다고, 너무 잘하고 싶은 욕심에, 내가 계획한 대로 아이들이 따라오기를 바랐던 점이 문제였습니다. 지나친 욕심을 내려놓고, 아이들과 즐거운 대화를 하고 싶었던 그 마음을 다시 다잡았습니다.

욕심이 사라지자, 피어나는 하브루타꽃

매일 잠자리에 들기 전에 그림책을 읽어 주면서 아이들이 궁금해하는 것이 있으면 함께 이야기를 나누고, 책에서 재미있었던 부분을 서로 이야기 나누었습니다. 어느 날은 그림책을 다 읽어 준 후 제목을 만들어 보고, 어느 날은 책 제목을 보고 질문을 한 개씩 만들어 보기도 했습니다. 모르는 단어, 그림책 작가, 그림, 메시지에 대해서 질문을 만들고 이야기도 나누었습니다. 글의 분량이 많은 책은 매일 밤 한 챕터씩 읽어 주면서 내용 안에서 궁금한 것을 서로 이야기하며 편안하게 짧은 하브루타를 했습니다.

함께 본 영화에서 궁금한 것을 이야기 나누고, 길고양이를 본 후에는 우리 아파트에 왜 길고양이가 많은지, 구피가 낳은 새끼를 보면서 궁금한 것을 이야기 나누는 등 일상에서 생기는 질문으로 하브루타를 했습니다. 그것만으로도 충분하다고 생각했습니다. 내가 정말로 원하는 것은 질문으로 아이들과 즐거운 대화를 이어나가는 것이었으니까요. 어쩌면 '이런 것도' 하브루타였겠지요.

하브루타를 만난 지 어느새 5년이 되어 갑니다. 어렵고 두려워 손을 잡을까 말까 망설였던 나와 하브루타는 이제 손을 잡고 '함께' 걸어가고 있습니다. 질문에 대한 부담은 여전히 있지만 계속 즐겁게 배우며 부딪쳐 나가는 중입니다. 15살, 12살이 된 두 아이는 엄마보다 더 쉽게 질문을 만들고 자기 생각을 표현합니다. '가랑비에 옷 젖듯' 하브루타에 서서히 젖어 들고 있어서 행복합니다.

에필로그

이 책을 함께 쓴 질문배움연구소의 연구원들은 하브루타를 사랑하고, 실천하고, 연구하는 엄마이자 학교밖 선생님입니다. '멀리 가려면 함께 가라.'는 말 그대로 하브루타와 버츄(미덕), 감사일기로 함께 성장, 행복한 성장을 하는 연구원들의 하브루타 결실입니다. 우리처럼 건강한 하브루타 실천 동아리, 가족들이 많아지기를 바라는 마음을 담았습니다. 전국의 하브루타 짝꿍을 위해 자신의 경험과 노하우를 진솔하게 나누어 준 11명의 연구원들에게 진심으로 감사합니다.

－김혜경(질문배움연구소 대표)

권혜숙

"엄마랑 하브루타하는 게 재미있어?" 아이들은 망설임 없이 이야기합니다. "응! 엄마랑 같이 더 많이 있을 수 있고, 이야기도 나눌 수 있고, 가끔 재미있는 놀이랑 활동을 해서 좋아. 그리고 혼자서는 힘든데 같이하면 생각, 마음도 열 수 있어서 좋아." 아이들과 가까워지는 시간 그리고 함께 행복해지는 시간, 이 책을 통해 행복한 시간여행 열차에 같이 탑승하기를 바랍니다.

김수진

'내가 잘할 수 있을까?', '내가 하는 방법이 맞을까?', '오늘은 아이들에게 어떤 배움의 기회를 주어야 하지?' 이런 걱정에 여전히 하브루타가 어려운 엄마입니다. 저와 같은 엄마들에게 말해 주고 싶어요. 아이들에게 뭔가를 가르쳐 주려고 하는 부담감을 내려놓고 우리 함께 그 시간을 즐겨 보아요.

김순영

진통 끝에 아들을 낳던 순간, 조심조심 아이를 안고 웃었습니다. 안심과 후련함, 고마움과 감격이 섞인 웃음이었지요. 그 경험은 어김없이 내 가슴을 저릿하게 만듭니다. 이번에는 대한민국 평범한 아줌마 12명이 1여 년간 품어 온 책을 출산합니다. 우리의 염원이 담긴 책이 많은 가정에 소통으로, 웃음으로, 함께 알아 가는 재미로 스며들기를 간절히 희망합니다.

박현정

까칠한 고1, 나름 고집 있는 중1, 무슨 생각을 할까 궁금했던 초5. 아이 셋과 함께 하브루타를 합니다. 그 시간 속에서 학업에 대한 부담으로 까칠했던 현수를, 생각과 결정 사이의 시간차로 고민했던 현민이를, 새로운 눈으로 세상을 바라보던 현우를 느낄 수 있었습니다. 아이들과 함께하며 만날 수 있는 신기하고 소중한 시간을 여러분에게도 선물하고 싶습니다.

신혜영

"아들~ 고민이 있어! 엄마가 해야 할 일이 있는데… 하기가 싫어. 이럴 땐 어쩌지?" "엄마! 그냥 편하게~ 취미라고 생각해요." 아이를 잘 키우겠다는 마음으로 4년 전, 처음으로 하브루타를 시작했습니다. 덕분에 11살 아이는 제 스승이 되었고 (아이 말고) 제가 무럭무럭 자라는 중이랍니다.

이연주

소중한 나의 가족들과 모든 것을 함께하고 싶었습니다. 시간이 지날수록 함께의 의미를 넘어 즐겁게 소통하고 싶었습니다. 하브루타는 우리 가족의 특별 레시피입니다. 이 책이 여러 가족에게 감칠맛 나는 하브루타 비법이 되었으면 좋겠습니다. 아울러 여러분만의 특별한 하브루타 레시피가 생기기를 소망합니다.

이혜진

우리 아이들과 찐마음을 나눌 수 있는 방법은 무엇일까요? 아이들과 진심으로 소통하고 싶은데 아이들이 커 갈수록 마음의 거리가 생기는 것 같았습니다. 텔레비전을 보며, 영화를 보며 또는 책을 보며 질문하고 이야기를 나누니 아이들의 생각이 엿보입니다. 아이들의 질문에는 아이들이 보고 듣고 느끼고 생각한 바가 담겨 있습니다. 하브루타로 아이들의 마음과 자신의 마음도 챙겨 보는 시간이 되기를 바랍니다.

이희수

10살 아들과 얼굴 붉히고 화를 내면 십중팔구 후회로 돌아옵니다. 화를 내기 전, 얼굴이 붉어지기 전, 후회하기 전에 아들 이름을 불러 줍니다. "시헌아!" 그 짧은 순간 질문하지요. "지금 이 말이 꼭 필요한 말 맞아?" 이 질문은 저에게도 늘 합니다. 매 순간 후회하지 않을 말과 행동으로 바꿀 수 있는 건 하브루타 덕분입니다.

전수형

"엄마, 심심해요.", "우리 같이 놀아요." 이럴 때 어떤 반응을 보이나요? 늦둥이 아들과 잘 노는 방법이 필요했습니다. 아이와 잘 놀기 위한 방법은 뭐가 있을까요? 잘 논다는 건 서로가 소통하고 공감하는 시간을 보내는 것입니다. 5년 전 하브루타를 처음 만나 지금은 아들과 같은 성장소설을 읽고 하브루타하며 잘 놀고, 아들의 행복한 성장을 지켜보는 일상을 선물받았습니다. 덕분에 감사한 시간을 보내고 있습니다. 함께 하브루타로 놀아요.

진수민

삶은 동전의 양면과 같습니다. 그 양면 중 우린 어디를 보고 있을까요? 이 책은 감동, 소통, 위로, 재미, 소름, 반전을 느낄 수 있는 하브루타 실천 교과서입니다. 무엇보다, 그 누구보다 나를 알게 되고 상대를 인정하게 되는 힘! 바로 하브루타의 힘입니다. 꼭 느껴 보세요.

최원연

처음 아들과 하브루타하던 때가 생각납니다. 엄마도 서툴고 아들도 처음이었기에 생각만큼 쉽지 않았던 시간들. 가장 문제가 되었던 건 엄마의 욕심과 기대치였습니다. 가르치려는 마음을 살짝 내려놓고 아이와 온전히 즐겁게 소통하는 마음으로 시작한다면 절반은 성공입니다. 관심 있는 주제로 아이와 함께 생각과 마음을 나누는 선물 같은 시간이 되기를 바랍니다.

참고 도서 및 자료

『교실이 살아있는 질문수업』, 양경윤 글, 즐거운학교, 2016.

『그림책 읽어주는 엄마, 철학하는 아이』, 제나 모어 론 글, 한권의책, 2013.

『까만 코다』, 이루리 글, 엠마누엘레 베르토시 그림, 북극곰, 2015.

『너는 어떤 힘을 가지고 있니?』, 마스다 미리 글·그림, 책속물고기, 2016.

『너무 지혜로워서 속이 뻥 뚫리는 저학년 탈무드』, 김정완 글, 서유진 그림, 2017.

『당나귀 실베스터와 요술 조약돌』, 윌리엄 스타이그 글·그림, 다신기획, 2000.

『떨어질까 봐 무서워』, 댄 샌탯 글·그림, 스콜라, 2019.

『랍비가 직접 말하는 탈무드 하브루타』, 랍비 아론 패리 글, 김정완 역, 한국경제신문, 2017.

『부모라면 유대인처럼 하브루타로 교육하라』, 전성수 글, 예담friend, 2012.

『불곰에게 잡혀간 우리 아빠』, 허은미 글, 김진화 그림, 여유당, 2018.

『스티커 토끼』, 가브리엘라 커셀만 글, 테레사 노보아 그림, 책속물고기, 2011.

『어린이 인성사전』, 김용택 글, 김세현 그림, 이마주, 2015.

『엄마 때문이야』, 전은지 글, 신지수 그림, 책읽는 곰, 2018.

『져야 이기는 내기』, 조지 섀넌 글, 피터 시스 그림, 베틀북, 2007.

『죽은 시인의 사회』, N.H. 클라인바움 글, 서교출판사, 2004.

『파랑이와 노랑이』, 레오 리오니 글·그림, 물구나무, 2003.

『하브루타란 무엇인가』, 엘리 홀저·오릿 켄트, D6코리아교육연구원, 2018.

『하브루타 부모 수업』, 김혜경, 경향비피, 2017.

『하브루타 질문 독서법』, 김혜경, 경향비피, 2018.

『하브루타 질문 수업』, DR하브루타수업연구회 글, 경향비피, 2016.

『하브루타 질문 수업에 다시 질문하다』, 양경윤 글, 즐거운학교, 2018 .

유튜브, 「하감미소채널」.

MBC, 「무한도전」 '위대한 유산', 506회, 507회, 513회. 2016.

tvN인사이트 특별기획 다큐, 「질문으로 자라는 아이」, 2019.

별책 부록(하브루타 놀이 워크북) 참고도서

『눈으로 보는 우리 역사 16권』, 박중현 글, 교원, 2010.

『실물크기 유물로 보는 역사도감』, 서경석 글, 나는책, 2014.

『에피소드 독립운동사』, 표학렬 지음, 앨피, 2017.

『EBS 스토리한국사 1권 고대~조선전기』, 편집부 글, 한국교육방송공사, 2018.

『조선의 딸 총을 들다』, 정운현 글, 인문서원, 2016.

하브루타 놀이 워크북

질문과 꿀팁이 있어 바로 따라 할 수 있어요!

사고력 · 표현력 · 창의력 UP

질문배움연구소 지음

경향BP

차례

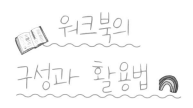
워크북의 구성과 활용법

이 워크북에는 『하브루타 놀이 가이드북』에서 제시한 각 소재별 하브루타의 활동지를 수록했습니다. 각 활동지는 하브루타를 실천할 때, 참여하는 가족들 개개인의 생각과 질문을 기록하는 용도입니다.

『하브루타 놀이 가이드북』에 수록된 순서대로 '그림책 하브루타'부터 각 주제별, 소재별로 활동지를 수록하였습니다. 각 소재별 활동은 본 책에서 제시한 하브루타 가이드의 흐름에 맞춰 구성하였습니다. 본 책의 '하브루타 가이드'를 읽을 때, '워크북'의 해당 활동지를 펼쳐 놓고, 비교하며 읽으면 전체적인 흐름을 이해하는데 한결 도움이 될 것입니다.

이후 실제 하브루타를 진행할 때는 각 활동지를 복사하여 1명당 1장씩 기록해도 되고, 가족 대표 1명이 기록해도 됩니다. 진행한 뒤에는 이 활동지를 잘 모아서 한데 묶으면 '가족 하브루타 역사책'이 됩니다. 이때 원본 활동지를 남겨 두었다가 시차를 두고 하브루타를 반복하는 것도 추천합니다. 과거에 하브루타 했던 소재라도 다시 진행해 볼 때, 더 풍성한 이야기를 나눌 수 있고, 그간의 성장과 변화를 엿볼 수도 있기 때문입니다.

워크북 마지막에는 각 영역별 하브루타의 '기본 샘플' 활동지도 함께 수록했습니다. 예를 들면 책에 수록되지 않은 다른 그림책으로 하브루타를 하고 싶을 때는 '그림책 하브루타 샘플 활동지'를 사용할 수 있도록 가장 기본적인 흐름으로 구성했습니다.

실은 이 활동지를 별책으로 만들면서 고민이 많았습니다. 혹여나 이것을 표준으로 여기게 될까 하는 염려 때문입니다. 『하브루타 놀이 가이드북』의 프롤로그에서도 언급했듯이 여기에 수록된 활동지는 '샘플'입니다. 그러므로 이 활동지의 모든 칸을 메워야 한다는 부담은 멀리 던져 버려야 합니다. 자녀들이 활동지의 빈칸이 부담스러워 하브루타를 싫어하게 될 수도 있으니까요. 자녀들이 말없이 활동지의 빈칸을 채운다고 하더라도 마찬가지입니다. 하브루타는 '글'을 쓰는 것이 먼저가 아니라 '말'이 먼저입니다. 자유롭게 생각을 말하고, 듣는 과정에서 생각의 활성화와 점프가 더 많이 일어납니다. 그러니 활동지는 부수적으로 사용하기를 권합니다.

물론 이 활동지가 없어도 하브루타를 할 수 있습니다. 빈 A4 한 장을 놓고 시작해도 좋고, 가족 하브루타 노트를 만들어 대표로 1명이 기록해도 좋습니다. 혹은 각자의 '하브루타 질문 노트'를 만들어 자신의 질문과 생각을 정리하는 것도 좋은 방법입니다.

자유롭게 질문하고 토론하는 것을 우선에 두되, 자신의 질문과 생각을 기록으로 정리하는 것을 핵심으로 하여, 각 가정마다 자녀들이 좋아하는 방식으로 자유롭게 응용하기를 추천합니다. 자신만의 스타일대로 만들어 가기까지 이 워크북에 수록된 샘플이 도움이 되기를 바랍니다.

제목(주제)	그림책 『까만 코다』 (이루리 글, 엠마누엘레 베르토시 그림)					
함께한 가족		날짜		년	월	일

1. 그림책 표지로 이야기를 나누어요.

책표지만 보세요.
그림과 제목의 느낌은 어떤가요?
책표지만 보았을 때 어떤 것이 궁금한가요?

2. 가장 인상 깊은 장면을 골라 그 이유에 대해 함께 이야기를 나누어요.

3. 스스로 질문을 만들어요.

(질문을 만든 후 가장 마음에 드는 질문에 별표하세요.)

4. 한 문장 글쓰기 : 북극곰 코다 가족에게 하고 싶은 말은?

4

제목(주제)	그림책 『파랑이와 노랑이』(레오 리오니 글그림)		
함께한 가족		날짜	년 월 일

1. 나만의 그림책 제목을 지어 보고, 그 이유에 대해 함께 이야기를 나누어요.

2. 스스로 질문을 만들어요.
   (질문을 만든 후 가장 마음에 드는 질문에 별표하세요.)

3. 그림책으로 질문하고 이야기를 나눈 경험에 대해 서로 느낌과 생각을 나누어요.

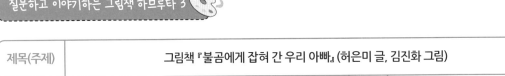

제목(주제)	그림책 『불곰에게 잡혀 간 우리 아빠』 (허은미 글, 김진화 그림)			
함께한 가족		날짜	년　월　일	

1. 나의 별명이 있나요? 누가, 언제, 왜 그런 별명을 지어 주었는지 이야기 나누어요.

　　(우리 가족 별명을 지어 주는 것도 좋아요.)

2. 가장 재미있었거나 인상 깊은 장면을 골라 그 이유에 대해 이야기 나누어요.

　　(그림으로 표현하고 이야기해도 좋아요.)

3. 스스로 질문을 만들어요.

　　(질문을 만든 후, 가장 마음에 드는 질문에 별표하세요.)

4. 다음은 초등 5학년이 그림책 속의 '우리 가족' 동시를 패러디하여 만든 것입니다. 우리 가족을 떠올리며 나도 '나만의 동시'를 쓰고 낭독해 보세요.

우리가족

아빠는 좋다
아빠의 포근한 냄새에 잠들수 있어서 좋다.
엄마는 좋다
엄마의 부드러운 입술에 입을 맞추면 기분이
좋아서 좋다
큰누나는 좋다
따뜻한 손으로 나를 안아줘서 좋다
둘째누나는 좋다
나를 잘 챙겨주고 나를 도와주기 때문에 좋다
셋째누나는 좋다
언제나 나에게 먼저 다가와 이야기해 주서 좋다
나는 좋다
우리가족들이 나를 사랑해줘서 좋다

5. 서로 하브루타한 느낌과 생각을 나누어요.

버츄 프로젝트 – 미덕의 보석들

버츄 프로젝트의 철학은 "모든 사람의 인성의 광산에는 모든 미덕의 보석이 박혀 있다."입니다. 그러므로 우리 모두는 52가지의 미덕을 모두 품고 있습니다. 다만 이 모든 미덕은 원석입니다. 우리가 생각하고, 행동하는 순간순간에는 미덕의 힘이 내재되어 있습니다. 우리가 그 미덕을 인식하고 이름을 불러 줄 때 미덕은 연마되어 다이아몬드가 되어 갑니다. 또한 힘들고 어려운 상황 속에서 미덕의 힘을 불러 낼 때 그 과정을 이겨 내는 힘을 얻음과 동시에 미덕 연마를 할 수 있습니다.

이처럼 우리 삶은 더 나은 사람, 더 좋은 사람이 되기 위해 노력하는 과정에 있습니다. 그 과정에 '미덕'과 동행하며, 더 행복한 성장을 이룰 수 있습니다. 지금, 나 자신에게 빛나는 미덕과 깨워야 할 미덕(성장 미덕)을 찾아 성장해 보세요.

버츄 프로젝트에서 보급하는 버츄 카드에는 52가지 미덕에 대한 정의와 연마 방법이 자세히 담겨 있습니다. 버츄 카드를 구입하여 읽고 활용하면 더욱 좋습니다.

다음은 버츄 프로젝트에서 선별한 52가지의 미덕 목록입니다.

감사 결의 겸손 관용 근면
기뻐함 기지 끈기 너그러움 도움 명예
목적의식 믿음직함 배려 봉사 사랑 사려 상냥함 소신
신뢰 신용 열정 예의 용기 용서 우의 유연성 이상 품기
이해 인내 인정 자율 절도 정돈 정의로움 정직
존중 중용 진실함 창의성 책임감 청결
초연 충직 친절 탁월함
평온함 한결같음 헌신
협동 화합
확신

제목(주제)	이솝우화 - 외나무다리에서 만난 두 염소			
함께한 가족		날짜		년 월 일

어느 숲속에 계곡이 있었습니다.

그 계곡에는 통나무로 된 외나무다리가 놓여 있었습니다.

어느 날, 흰 염소가 외나무다리를 건너려고 막 발을 내디뎠습니다.

그런데 반대편에서 검은 염소가 막 다리 위에 오르는 것이 보였습니다.

흰 염소는 "아니, 쟤는 내가 먼저 다리에 오르는 걸 못 봤나? 왜 계속 오지?"라고 생각하면서 조심조심 외나무다리를 건넜습니다.

그리고 외나무다리 중간에서 두 염소가 만났습니다.

흰 염소가 말했습니다.

"내가 먼저 왔잖아. 네가 양보해."

그러자 검은 염소가 말했습니다.

"무슨 소리야? 내가 더 많이 건너왔잖아. 네가 양보해."

이에 질세라 흰 염소가 다시 외쳤습니다.

"분명 내가 먼저 다리를 건너기 시작했어. 그러니 네가 비켜."

검은 염소도 물러서지 않았습니다.

"말도 안돼. 억지부리지 말고 어서 비켜. 내가 먼저야."

마침내 두 염소는 뿔을 맞대고 싸우기 시작했습니다.

외나무다리가 흔들거리기 시작했습니다.

그래도 두 염소는 싸움을 멈추지 않았습니다.

흔들흔들. 흔들흔들.

다리가 흔들려도 두 염소는 더욱 힘껏 상대를 밀어냈어요.

두 염소는 어떻게 될까요?

9

1. 이야기를 읽고 궁금한 것을 스스로 질문으로 만들어요.

(‘나라면, 어떻게, 왜, 만약에’ 등을 넣어도 좋아요.)

_____

_____

_____

_____

_____

_____

2. 두 염소가 무사히 외나무다리를 건널 수 있는 방법은 무엇이 있을까요?

_____

_____

3. 검은 염소와 흰 염소에게 필요한 미덕과 그 이유를 쓰고, 이야기 나누어요.

• 이유 :

_____

_____

_____

4. 하브루타를 한 후 나의 감정(기분)에 동그라미를 하고 단어를 넣어 이야기 나누어요.

감동하다	고맙다	기대되다	기쁘다	안심되다
걱정되다	놀라다	밉다	부끄럽다	부담스럽다
부럽다	싫다	피곤하다	힘들다	억울하다
속상하다	짜증나다	화나다	슬프다	실망하다
긴장되다	어색하다	두근거리다	두렵다	망설여지다
조마조마하다	혼란스럽다	곤란하다	괴롭다	힘나다
만족스럽다	뿌듯하다	설레다	신나다	자랑스럽다
막막하다	행복하다	안타깝다	즐겁다	편안하다
마음아프다	미안하다	아쉽다	흥분하다	황당하다
후회스럽다	무섭다	불안하다	짜릿하다	자신만만하다

〈 나만의 메시지 〉

이솝은 이야기를 통해 우리에게

(_____)을 말하려고 하는 것 같습니다.

저는 이야기를 읽고 (_____)을 배웠고

앞으로 (_____)을 실천해야겠다고 다짐했습니다.

염소들이 어떤 이야기를 나눈 뒤, 다리를 사이좋게 건넜을까요?
말풍선을 채워 보고 다리 위에 그림을 그려 보세요.

제목(주제)	탈무드 - 뱀의 머리와 꼬리		
함께한 가족		날짜	년　월　일

1. 아래 달팽이 그림을 보고 어떤 놀이인지 추측해 봅니다. 짝과 함께 '나만 믿고 따라와~' 놀이를 합니다.

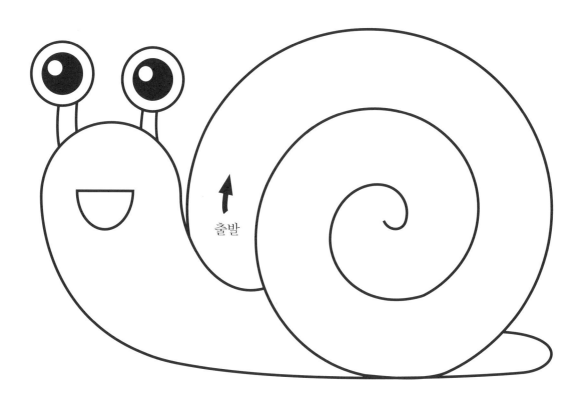

출발

2. 이야기의 제목으로 내용을 상상, 유추하여 한 문장 글짓기를 해 보세요.

뱀의 머리와 꼬리는 _____

3. 짝과 함께 한 문장씩 번갈아 가며 실감나게 읽어 볼까요?

"왜 만날 머리만 앞에서 가는 거야?" 뱀의 꼬리는 늘 못마땅했어요.

"나도 똑같은 뱀의 몸이라고! 그런데 항상 머리가 가는 데로만 졸졸 쫓아다녀야 하잖아!"

잔뜩 화가 난 꼬리는 머리에게 말했어요.

"지금부터 내가 앞장서겠어! 그러지 않으면 난 이 자리에서 꿈쩍도 하지 않을 거야!" 뱀은 꼬리 때문에 조금도 앞으로 가지 못했어요. 하는 수 없이 머리는 꼬리와 역할을 바꾸기로 했어요. "좋아, 대신 똑바로 다녀. 다치게 하지 말고." 그때부터 난리가 시작되었어요.

"이쪽인가? 아, 아닌가? 저쪽인가?" 꼬리는 어디로 가야 할지 전혀 방향을 잡지 못했어요.

웅덩이에 빠지고, 가시덤불에 뛰어들기도 했어요. 이리 쿵 저리 쿵 부딪히느라, 몸은 피투성이가 되었어요. 그러다가 자기도 모르게 뜨거운 불구덩이에 뛰어들고 말았어요.

"미안해, 나 때문에… 나 때문에…." 뱀의 꼬리는 뒤늦게 후회했어요. 하지만 뱀은 활활 타는 불구덩이에서 빠져나올 수 없었답니다. [출처:「너무 지혜로워서 속이 뻥 뚫리는 저학년 탈무드」(글·김정완)]

4. 스스로 질문을 만들어요.(질문을 만든 후 가장 마음에 드는 질문에 별표하세요.)

_____

_____

_____

5. 이 탈무드가 말하려고 하는 것(메시지)이 무엇인지 한 줄 문장으로 써 보세요.

---

6. 내가 찾은 메시지와 연결한 미덕 단어를 이유와 함께 적고 나만의 정의와 실천계획을 써 보세요. ['미덕(버츄)' 단어는 워크북 8쪽 참고]

버츄(미덕) 단어	뽑은 이유
내가 뽑은 미덕 단어에 대한 나만의 정의!	
미덕을 실천하기 위한 구체적인 나의 계획 한 가지!	

제목(주제)	그림 - 한 입만(앙리 쥘 장 조프로이)		
함께한 가족		날짜	년 월 일

1. 그림을 자세히 살펴보고 나만의 제목을 지어 보세요.

나만의 제목 :

_____

2. 그림에 대해 궁금한 것을 질문으로 만들어요.

_____

_____

_____

_____

3. 내가 적은 느낌, 단어들을 이용해 말풍선을 채워 보고, 그림의 스토리를 만들어 보세요.

내가 아끼고, 좋아하는 것을 바구니에 담아 보세요.(단어, 그림 등)

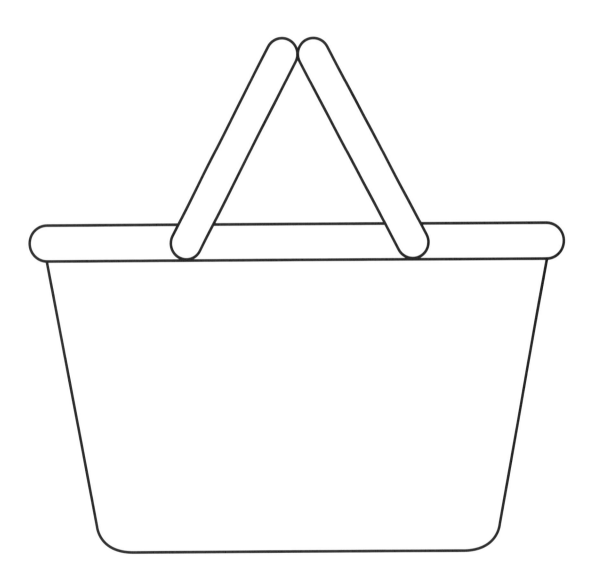

제목(주제)	그림 - 가족(에바 알머슨)		
함께한 가족		날짜	년 월 일

1. 그림을 자세히 관찰하고, 생각나는 단어나 느낌을 적고 이야기 나누어요.

   (인터넷으로 그림을 찾으세요)

2. 나만의 제목을 짓고, 그 이유에 대해 이야기를 나누어요.

제목	
왜냐하면 ~ 때문이다.	

3. 그림에 대해 궁금한 것을 질문으로 만들어요.

   (질문을 만든 후 가장 마음에 드는 질문에 별표하세요.)

4. '에바 알머슨' 작가와 그림에 대해 궁금한 것을 직접 찾아본 후, 이를 통해 새롭게
   알게 된 사실을 정리해요.

5. 그림으로 하브루타를 한 후 느낀 점을 그림이나 글로 정리해요.

제목(주제)	그림 - 사랑(전이수)		
함께한 가족		날짜	년 월 일

1. 전이수 작가의 '사랑' 그림 중 일부입니다. 사슴 앞에는 무엇이 있을까요? 상상해 본 후 그림으로 표현해요.(24쪽을 가려 주세요.)

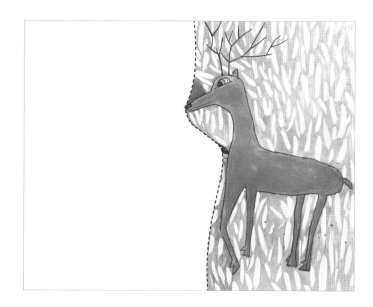

2. 전체 그림을 살펴본 후, 나만의 제목을 짓고, 그 이유에 대해 이야기를 나누어요.

제목	
왜냐하면 ~ 때문이다.	

23

3. 그림에 대해 궁금한 것을 질문으로 만들어요.

4. 전이수는 이 그림으로 '사랑'에 대해 다음과 같이 표현하였습니다. 내가 생각하는 '사랑'은 어떤 것인가요? 글이나 그림으로 표현해 보세요.

예) 사랑

불가능을 가능하게 하는 것이 바로 사랑이다.

사랑은 꿈에도 생각지 못한 상상마저도 뛰어넘을 수 있는 다리를 가지고 있다.

- 45개의 글과 그림으로 구성된 전이수의 『나의 가족, 사랑하나요?』 중 '사랑' 메시지

제목(주제)	동화 - 당나귀 실베스터와 요술 조약돌(윌리엄 스타이그 지음)		
함께한 가족		날짜	년 월 일

1. 책표지를 보고 까바놀이 혹은 까만놀이를 해 보세요.

2. 스스로 질문을 만들어요.(질문을 만든 후 가장 마음에 드는 질문에 별표하세요.)

3. 동화를 읽고 하브루타한 후 내가 찾은 '미덕'을 활용해 나만의 한 줄 메시지를 써
   보세요.(예 : 사랑 – 부모님과 실베스터의 사랑의 힘 덕분에 실베스터가 돌아올 수 있는 기회가
   생긴 것 같다.)

4. 동화 속에는 '조약돌'을 손에 꼭 쥐고 말하면, 그대로 소원이 이루어집니다. 나의 소원을 들어주는 요술도구를 상상하여 그려 보고, 나의 소원 리스트를 써 보세요.

나의 요술도구와 소원 리스트

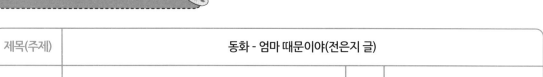

질문하고 이야기하는 동화 하브루타 2

제목(주제)	동화 - 엄마 때문이야(전은지 글)		
함께한 가족		날짜	년 월 일

1. 다음 속담의 짝을 찾아 선으로 완성하고, 그 뜻에 대해 이야기를 나눠 보세요.

똥 묻은 개가 •

숯이 •

가랑잎이 솔잎더러 •

• 검정 나무란다.

• 바스락거린다고 한다.

• 겨 묻은 개 나무란다.

2. 『엄마 때문이야』의 제목과 표지를 본 느낌을 나누어요.

3. '~ 때문이야'와 같이 남 탓을 해 본 경험을 함께 나누어요.

4. 마음에 드는 문장 혹은 필사하고 싶은 문장을 소리 내어 읽고, 그 이유를 나누어요.

5. 스스로 질문을 만들어요.(질문을 만든 후 가장 마음에 드는 질문에 별표하세요.)

6. 다음의 예와 같이, '~때문이야'라고 생각한 경우를 '~덕분이야'로 바꿔 보세요.
함께 공유하고, 이 활동을 통해 어떤 생각과 기분이 들었는지 이야기를 나누어요.

예) 엄마가 아침밥을 늦게 차려 주었기 때문에 지각했다.

→ 엄마가 아침밥을 차려 준 덕분에 급식시간까지 배가 고프지 않았다.

~ 때문이야	~ 덕분이야

7. 하브루타 독서 토론을 한 이후에 내가 느낀 점과 깨달은 점, 실천할 점을 기록하세요.

• 느낀 점 :

• 깨달은 점 :

• 실천할 점 :

8. 하브루타 독서 토론을 한 소감을 나누어요.(좋은 점, 개선할 점에 대해서도 나누어요.)

제목(주제)	동화 - 왕자는 누구(조지 섀넌 글, 『져야 이기는 내기』중에서)		
함께한 가족		날짜	년 월 일

1. 책을 읽기 전에 등장인물을 넣어서 이야기를 이어 가며 상상해 보세요.

표범 왕, 코끼리, 황소, 원숭이, 작은 사슴

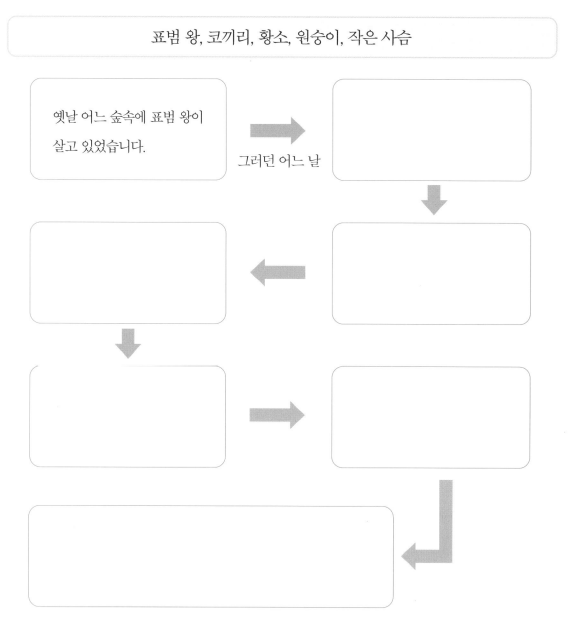

옛날 어느 숲속에 표범 왕이
살고 있었습니다.

그러던 어느 날

2. 책을 읽은 후 나만의 제목을 짓고 이야기 나누어요.

제목	
왜냐하면 ~ 때문이다.	

3. 스스로 질문을 만들어요.(질문을 만든 후 가장 마음에 드는 질문에 별표하세요.)

4. 가장 기억에 남는 동물에게 해 주고 싶은 말을 적어 보세요.

제목(주제)	유물 - 비파형 동검		
함께한 가족		날짜	년 월 일

1. 비파형 동검 사진을 관찰하면서 궁금한 것을 적어요. 질
   문을 모두 적은 후 상상 질문과 정답 확인이 필요한 사
   실 질문을 색연필(사인펜)로 구분해 보세요.

_____

_____

_____

_____

_____

_____

2. 텍스트를 읽은 후 새로 알게 된 사실을 문장으로 써 보세요.

_____

_____

_____

_____

_____

_____

3. 나만의 개성 있는 검을 그려 보고, 그 특징과 특수 기능을 기록하세요.

◎ 내 검의 특징 및 특수 기능

비파형 동검

돌을 이용한 도구를 사용했던 석기시대를 지나 기원전 2000년경 아연, 구리, 주석을 혼합하여 만든 청동 도구를 사용한 청동기시대가 시작됩니다. 이 시대를 대표하는 유물로는 청동검이 있습니다.

청동검의 종류는 비파형 동검과 세형 동검 두 가지입니다. 비파형 동검의 길이는 대략 30~40cm로 끝부분은 날카롭게 다듬어져 있고, 손잡이 쪽으로 갈수록 두터워진 모습을 하고 있습니다. 칼날과 손잡이를 따로 만든 뒤 조립해 사용했습니다. 전체적인 칼날 모습이 중국의 악기인 비파를 닮아서 비파형 동검이라 부릅니다.

청동기시대 사람들 누구나 사용한 것은 아닙니다. 당시 청동은 귀하고 제작이 힘들어 지배계층인 군장이 주로 사용했습니다. 이런 청동 도구의 사용을 통해 청동기 시대에 계급사회가 시작되었음을 알 수 있습니다. 이후 본격적인 철기시대가 시작되면서 동검은 여러 가지 형태와 모양으로 만들어집니다.

철기시대의 대표적인 청동검은 세형 동검입니다. 세형 동검은 비파형 동검보다는 가늘고 날카로운 특징을 가지고 있습니다.

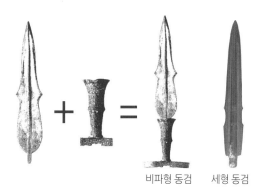

비파형 동검　　세형 동검

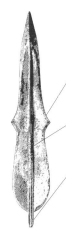

① 이 검의 날은 무기로 사용할 만큼 날카롭지 않습니다.
　청동기시대의 지배계층이 권위를 상징하는 장신구로 사용하였습니다.

② 비파형 동검에서만 동물의 등뼈처럼 가운데가 도드라진 특징이 나타납니다.

③ 이 부분에 손잡이를 연결합니다.
　대부분 손잡이는 나무나 뼈로 만들어져 있기 때문에 부식이 되어 사라진 탓에
　청동으로 만든 손잡이만 함께 발견되었습니다.

참고자료 📚

『실물크기 유물로 보는 역사도감』, 서경석 글, 나는책, 2014.
『EBS 스토리한국사 1권 고대~조선전기』, 편집부 글, 한국교육방송공사, 2018.

제목(주제)	인물 - 북쪽의 유관순, 동풍신		
함께한 가족		날짜	년 월 일

1. 텍스트를 소리 내어 읽고 유관순과 어떤 공통점이 있는지 생각해 보며, 질문을 만들어 보세요.

남에는 유관순, 북에는 동풍신

처음 일본 경찰은 시위를 이끈 동풍신을 '미친 소녀'라며 총을 쏘지는 않았다. 그러나 시위가 계속되자 더 이상 그냥 놔둘 수는 없다고 판단해 현장에서 체포했다. 그 후 함흥형무소에 갇혀 재판을 받던 그녀는 "만세를 부르다 총살된 아버지를 대신하여 만세를 불렀다."고 당당히 말하고는 온갖 고문에도 항쟁 의지를 굽히지 않았다.

얼마 뒤 서울 서대문형무소로 이감된 동풍신은 온갖 고초를 겪게 된다. 고문과 괴롭힘 등 감옥 생활로 심신이 극도로 지친 데다 어머니의 사망 소식에 상심한 나머지 식음을 전폐했고, 건강은 날로 악화되어 갔다. 결국, 옥중투쟁 끝에 1921년 서대문형무소에서 숨을 거두었다. 꽃다운 나이 17살이었다.

'남에는 유관순, 북에는 동풍신'

이 말은 결코 과장이 아니다. 두 사람은 여러모로 많이 닮았다. 이북 출신이라는 이유로 공훈 심사나 서훈에서 홀대받는 일은 없어야 할 것이다. 이제부터라도 '유관순'뿐만 아니라 '동풍신' 이름 석 자도 함께 기억하자.

참고자료 : 『조선의 딸 총을 들다』, 정운현 글, 인문서원, 2016.

2. 미니 역사 공부(워크북 37쪽)를 읽고, 내가 알게 된 내용을 적어 보세요.

유관순을 기억합니다	동풍신을 기억합니다

3. 역사 하브루타를 하면서 느낀 점, 새롭게 알게 된 역사적 사실, 실천할 점을 담은 글을 써 보세요.

동풍신

남쪽의 유관순, 북쪽의 동풍신

3 · 1절 만세운동의 유일한 아이콘으로 기억되는 유관순과 같은 소녀가 북쪽에도 있었다. 이름조차 생소한 동풍신 열사다. 북쪽의 유관순 (1902~1920)이라 불리는 동풍신(1904~1921)에 대해 유관순 열사와 비교하여 알아보자.

동풍신의 만세운동

함경북도 출생의 15세 소녀 동풍신은 1919년 3월 15일, 명천의 화대 장터 시위에 참여했다. 시위는 그 전날부터 5천여 명이 참여해 시작되었다. 그러나 일본 헌병의 무차별 발포로 시위자 5명이 죽었다. 3월 15일 시위는 그 죽음에 대한 항의까지 겹쳐 있었다.

동풍신 아버지의 죽음

동풍신의 아버지 동민수는 오랫동안 병상에 누워 있었지만, 만세시위에서 선두에 섰다. 하지만 일본 헌병대가 쏜 총에 맞아 현장에서 목숨을 잃었다. 동풍신은 아버지의 주검 옆에서 통곡하다가 벌떡 일어나 헌병들을 향해 손을 번쩍 들며 외쳤다. "대한독립 만세!" 골목으로 숨어 들어갔던 군중이 이 소리에 다시 나와 만세를 외쳤다.

동풍신 열사의 법정 항변

"제 아버지가 죽는 바람에 미친 아이다."
처음 일본 경찰은 '미친 소녀'라 하며 동풍신에게 총을 쏘지 않았다. 하지만 시위가 격렬해지자 그녀를 체포해 함흥형무소에 수감했다. 법정에서 동풍신은 열다섯 살 소녀라고

유관순의 만세운동

17세 유관순은 1919년 3월 1일, 보신각에서 만세운동을 벌인 뒤 휴교령으로 고향 천안으로 내려갔다. 4월 1일 아우내(병천) 장날, 장터 한복판에 대나무 장대에 매단 태극기가 걸렸고, 3천여 명이 시위를 벌였다. 일본군 헌병 분대원들이 달려와 총검으로 시위자 19명을 죽였다.

유관순 아버지의 죽음

"왜 이렇게 함부로 죽이느냐?"
사람이 죽어 가는 것을 본 유관순의 아버지 유중권은 일본 헌병에게 격하게 항의하다가 그 자리에서 목숨을 잃었다. 그것을 말리려다 어머니 이소제도 목숨을 잃었다. 한꺼번에 부모를 잃은 유관순은 군중과 함께 아버지의 시신을 둘러메고 병천 헌병주재소로 뛰어가 맹렬한 시위를 벌였다.

유관순 열사의 법정 항변

유관순은 천안헌병대로 압송됐다. 갖은 고문을 받으면서도 "내가 시위 주동자다. 죄 없는 다른 사람들은 석방하라."라고 말했다. 공주 감옥으로 이송된 뒤 유관순은 법정에서

는 보기 힘들 만큼 의연한 태도로 말했다. "아버지가 만세를 부르시다 총을 맞아 돌아가셨다. 딸인 나는 아버지가 부르시던 만세를 이어 부른 것이다." 이후 동풍신은 서울 서대문형무소로 이감되었다. 유관순이 수감되어 있던 감옥에 동풍신이 들어간 것이다. 두 사람은 만났을까? 충청도 소녀와 함경도 소녀는 서로의 존재를 알았을까? 역사는 이 놀라운 장면에 대해 어떤 기록도 남기지 않았다.

서대문형무소에서 순국하다

"풍신아, 네 어머니 말이야. 네가 잡혀 간 뒤 너무 상심한 끝에 실신해서 네 이름만 부르다가 세상을 떠났단다."
어린 동풍신은 충격을 이기지 못하고 몇 차례나 기절했다. 일제 앞에서 그토록 담대하던 소녀는 어머니의 사망 소식에 무너졌다. 그녀는 식음을 전폐하던 끝에 1921년 숨을 거두었다.

이렇게 말했다. "나는 대한 사람이다. 너희들은 우리 땅에 와서 동포들을 수없이 죽이고 내 아버지와 어머니를 죽였다. 죄를 지은 자는 너희들이다. 우리가 너희에게 형벌을 줄 권리가 있지, 너희가 우리를 재판할 권리가 어디에 있느냐?"
그녀는 재판을 거부했다. 공주지방법원에서 징역 7년을 선고받았고 서대문형무소로 이감되었다. 이 감옥에서는 아침저녁으로 유관순의 쩌렁쩌렁한 '대한독립 만세' 소리가 흘러나왔다. 1920년 3월 1일에는 유관순과 함께 수감자들이 옥중에서 일제히 만세를 불러 일제를 긴장시켰다.

서대문형무소에서 순국하다

서대문형무소의 동풍신과 유관순에게는 어떤 일이 있었을까? 유관순은 지하감방에 감금되어 무자비한 고문을 받았다. 고문 끝에 방광이 터지는 일이 일어났다. 하지만 치료를 받지도 못했다. 고문 후유증과 영양실조로 1920년 9월 28일 오전 8시 숨을 거두었다.

*유관순은 1962년 건국훈장 독립장을 받았고, 2019년 삼일절을 맞아 건국훈장 대한민국장을 추서하였다. 국가유공자 1등급이다. 동풍신은 늦었지만 1991년 건국훈장 애국장을 추서하였다.

참고사료

『교과서가 담지 못한 에피소드 독립운동사』, 표학렬 지음, 앨피, 2017.
『조선의 딸, 총을 들다』, 정운현 글, 인문서원, 2016.

제목(주제)	사건 - 함흥차사		
함께한 가족		날짜	년 월 일

1. '함흥차사(咸興差使)' 네 글자로 이야기를 나누어요.

2. '함흥차사의 유래'를 소리 내어 읽어 보고 질문을 만들어 보세요.

조선 초, 태조(1대) 이성계의 뒤를 잇는 왕위 계승을 둘러싸고 왕자들 사이에서 싸움이 일어났다. 이 사건이 왕자의 난이다. 1, 2차에 걸친 왕자의 난으로 왕위에 오른 태종(3대) 이방원에 대한 노여움으로 태조 이성계는 궁궐을 떠나 이리저리 떠돈다.

한 번은 이성계가 고향인 함흥에서 한 달가량 머물렀을 때의 일이다. 이방원은 아버지를 모셔 오기 위해 사신들을 함흥으로 보냈으나 아무 소식이 없었다. 여기에서 '가서 오지 않거나, 늦게 온 사람'을 함흥차사라고 부르게 되었다.

이방원은 신하들에게 어찌하면 좋겠냐며 갈 사람이 정녕 없냐고 물었다. 망설이는 신하들 사이에서 판승추부사 박순이 가겠다고 자청했다.

박순은 하인도 거느리지 않고 새끼가 딸린 어미 말을 타고 함흥으로 갔다. 이성계가 거처하는 인근에 도착한 박순은 새끼 말을 나무에 매어 놓고, 어미 말을 타고 이성계를 찾아갔다. 박순과 이성계가 이야기를 하는데 박순이 타고 온 말이 계속 울어대자 이성계가 물었다.

"말이 왜 이렇게 울어 대느냐?"

박순이 답하기를 "새끼 말이 길가는 데 방해가 되어서 저쪽에다 매어 놓았는데, 어미 말과 새끼 말이 서로 떨어지는 것을 참지 못하여 저리도 애타게 울고 있습니다. 전하."

또 하루는 이성계와 박순이 장기를 두고 있던 중이었다. 마침 그때 처마 밑에 있던 쥐 한 마리가 새끼를 껴안고서 떨어져 죽을 지경에 이르렀다. 그럼에도 불구하고 어미 쥐와 새끼 쥐는 서로 부둥켜안고 있었다. 그러자 박순이 엎드려 이성계에게 간절하게 청했다.

"전하, 미물도 부모 자식 간에 떨어지지 않으려 부둥켜안고 있으니 그 모습이 안타깝지 않으시옵니까? 한양으로 돌아오시옵소서."

결국 이성계는 한양으로 돌아갈 것을 약속했고, 박순은 이성계의 다짐을 받고 그 자리를 떠났다. 그런데 이성계의 신하들은 박순을 죽여야 한다고 간청했다. 마지못해 이성계는 박순이 용흥강(龍興江)을 건너갔을 것으로 생각하여 명했다.

"박순이 아직 강을 건너지 않았다면 죽여도 좋으나 만약에 강을 건넜다면 쫓지 말라."

그러나 박순은 아직 강을 건너지 못하였고, 결국 그 자리에서 죽임을 당했다. 박순의 소식을 들은 이성계는 친구의 죽음에 안타까워하며 말했다.

"박순이 죽은 마당에 어찌 그와 했던 약속을 저버릴 수 있겠는가."

이성계는 약속대로 한양으로 돌아갔다.

3. 미니 역사 공부(워크북 42쪽)를 읽고 중요한 내용을 정리하세요.

4. 역사 일기를 써 보세요.

조선의 건국과 왕자의 난

* 태조 이성계(조선의 1대 임금)

고려 말, 북에서는 홍건적, 남에서는 왜구가 쳐들어와 나라가 매우 어지러운 시기였다. 이때 이성계가 홍건적과 왜구를 무찌르면서 백성들에게 큰 인기를 얻게 되었다. 특히 부하들에게 늘 너그럽고 백성들을 진심으로 아껴 나라 안에서 큰 지지를 얻었다.

그 무렵 명나라는 고려가 되찾은 땅을 돌려 달라고 했다. 그러자 고려 조정에서는 안 된다며 명나라의 요동 땅을 정벌하기로 했다. 그때 이성계는 '4불가론'을 내세우며 반대했지만 결국 요동 정벌에 나가게 되었다.

하지만 이성계는 위화도에서 군대를 돌린 후(위화도 회군) 개경으로 돌아와 정권을 잡았다. 이를 계기로 기울어 가는 고려 대신 새 나라, 조선을 세웠다.

* 왕자의 난의 개요와 배경

조선 초기 두 차례에 걸쳐 일어난 사건이다.

1398년 8월에 일어난 제1차 왕자의 난을 방원의 난, 무인정사의 난 또는 정도전의 난이라 하고, 1400년 1월에 일어난 제2차 왕자의 난을 방간의 난 또는 박포의 난이라고도 한다.

태조는 신의왕후 한씨와의 사이에 방우·방과·방원 등 여섯 형제를 두었고, 계비 신덕왕후 강씨와의 사이에 방번·방석을 두었다. 난의 발단은 태조의 후계자 책정에 있었다. 태조는 첫째 부인 한씨 소생의 왕자들이 반발하는데도 불구하고 총애하던 강씨 소생의 여덟째 아들 방석을 세자에 책봉했다. 한씨 소생 왕자들은 이를 못마땅해했고, 그중 조선 건국에 큰 역할을 했던 방원의 불만이 가장 컸다.

* 제1차 왕자의 난

조선 건국의 최대 공신인 정도전·남은 등은 왕실의 힘을 약화시키고 유교 중심의 중앙집권 체제를 강화하려는 목적에서 왕실 권력의 기반인 사병을 혁파하려 하였다. 수세에 몰린 방원은 한씨 소생 왕자들과 함께 1398년 8월 25일 사병을 동원하여 정도전·남은 등 반대세력을 제거하고, 세자 방석과 그의 형 방번을 살해하였다. 이 사건이 제1차 왕자의 난이다. 거사에 성공하자 하륜·이거이 등 방원의 심복들은 그를 세자로 책봉하려 했으나 정치적 입장을 고려한 방원의 뜻에 따라 둘째인 방과가 세자가 되었고 이가 곧 조선의 2대왕 정종이다.

* 제2차 왕자의 난

이후 정종과 그의 정비 정안왕후 사이에 소생이 없자 세자의 지위를 놓고 방원과 방간은 또다시 미묘한 갈등에 싸였다. 이때 공신 책정 문제로 방원에게 불만을 품고 있던 박포가 방간을 충동질하였다. 결국 1400년 1월 방원과 방간 사이에 무력 충돌이 일어났고, 개경에서 벌어진 싸움은 수적으로 우세한 방원의 승리로 끝이 났다. 이것이 제2차 왕자의 난이다.

이후 지위가 확고해진 방원은 1400년 11월 정종으로부터 왕위를 물려받아 태종이 되었다.

* 태종 이방원(조선의 3대 임금)

태종은 형제와 백성으로부터 존경받던 대신들을 죽이고 왕위에 올라 흠이 많았다. 하지만 나라를 다스리는 일에는 정성을 다했다. 신문고를 만들어 백성의 억울함을 달래 주었고, 백성에게 호패(지금의 신분증)를 차도록 해 질서를 세웠으며, 노비를 마음대로 사고팔 수 없게 하는 등 여러 제도를 고쳐 나라를 안정시켰다. 또 학생들을 가르치기 위해 성균관을 세워 인재를 모았다.

이러한 태종의 노력으로 조선은 나라의 기틀을 잡았고, 왕권을 강화했다. 이는 4대 세종대왕이 마음껏 나라를 다스릴 수 있는 바탕이 되었다.

* 박순(?~1402년, 고려 말, 조선 초의 문신)

1388년 요동 정벌군에 종사하다가 위화도회군에 관련된 이성계의 글을 우왕에게 전했던 고려 말 장수이다. 이성계의 친구이기도 했다. 1392년 조선이 건국한 후 상장군이 되었다.

태종의 간청에도 함흥에서 돌아오지 않는 태조를 돌아오게 하였다는 '함흥차사' 야사(『연려실기술』)의 등장인물이다. 하지만 정식 기록으로 알려진 『태종실록』에는 태종에게 쫓겨난 신덕왕후의 친척 조사의가 난을 일으키자 민심을 수습하다가 피살된 것으로 되어 있다.

태종은 박순의 공을 기록하게 하고 관직과 토지를 내리는 한편 자손의 등용을 명령하였다. 그리고 부음을 듣고 자결한 부인 임씨에게 묘지를 내렸으며, 고향에 충신·열녀의 정문을 세우도록 하였다.

참고자료 📚

『눈으로 보는 우리 역사 16권』, 박중현 글, 교원, 2010.
『연려실기술』, 이금익, 조선후기.
『EBS 스토리한국사 1권 고대~조선전기』, 편집부 글, 한국교육방송공사, 2018.
『한국민족문화대백과』

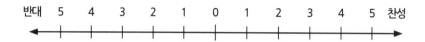

논제 : 난을 통해 왕위를 차지하는 것은 옳다

■논제에 대한 지금 나의 생각은 어디쯤인지 위치를 표시해 보세요.

반대 5 4 3 2 1 0 1 2 3 4 5 찬성

■찬성과 반대의 근거를 찾아 적은 후 찬반 토론을 해 보세요.

	나의 근거	짝의 근거
찬성		
반대		

■찬반 토론 후 나의 생각은 어디쯤인지 위치를 표시해 보세요.

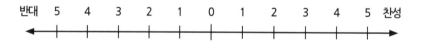

반대 5 4 3 2 1 0 1 2 3 4 5 찬성

최종 나의 생각과 그 이유는

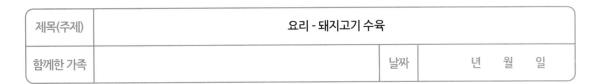

제목(주제)	요리 - 돼지고기 수육		
함께한 가족		날짜	년　월　일

1. '수육' 재료 중 메인 재료는 빼놓은 채 눈을 가리고, 코를 막고 몇몇 재료를 맛본 뒤 이야기를 나누어요.

> 맛보기 재료 : 양파, 대파, 통마늘, 사과, 무

2. 요리 시 주의할 사항에 대해 미리 이야기를 나누어요.

3. 준비된 재료로 할 수 있는 요리는 무엇일지 상상하며 유추해요.

4. 요리가 완성되는 동안 스스로 질문을 만들어요.
   (질문을 만든 후 가장 마음에 드는 질문에 별표하세요.)

_____

_____

_____

_____

5. 요리를 맛본 후, 궁금한 것이 더 생기면 질문으로 만드세요.

6. 요리 전체 과정을 번갈아 가며 순서대로 말해 보세요.

7. 요리 하브루타를 하고 난 후 이야기를 나눈 소감을 간단히 적어 보세요.

제목(주제)	과학실험 - 구름 만들기		
함께한 가족		날짜	년 월 일

1. 구름 사진을 보고 이름을 붙여 보세요.

2. '구름' 하면 생각나는 것으로 마인드맵을 그려 보세요.

3. 구름이 만들어지는 과정을 유추해 보고 보기 단어 를 참고하여 빈칸을 완성해 보세요.

보기 단어

올라가요, 내려가요,
물방울, 하강, 수증기, 부피 커져요,
온도, 응결, 팽창, 상승

구름이 됩니다.

3)

2)

1)

3)
_____

2)
_____

1)
_____

4. 구름 만들기 실험을 한 후 궁금한 점에 대해 스스로 질문해 보세요.
   (질문을 만든 후 가장 마음에 드는 질문에 별표하세요.)

_____

_____

_____

_____

5. '구름'에 대해 더 궁금한 것을 함께 찾아보세요.

6. 과학실험을 하면서 느낀 점, 배운 점, 아쉬운 점 등을 써 보세요.

| 준비물 | 유리병과 뚜껑, 미지근한 물, 얼음(아이스팩), 연기를 피우기 위한 도구(성냥개비, 나무젓가락), 라이터

* 유리병은 김이 서리지 않게 따뜻한 물로 한 번 헹굽니다.

* 물의 온도는 아이의 기준에서 뜨겁지 않을 정도면 됩니다.

* '나의 관찰탐구일지'를 준비하여 실험을 관찰하면서 글 또는 그림으로 실험 순서와 구름이 생성되는 과정을 기록해도 좋습니다.

① 유리병에 미지근한 물을 1~2cm 정도 붓고 보이지 않는 수증기가 모일 수 있게 2분 정도 뚜껑을 덮고 기다립니다.(뜨거운 물을 넣으면 김이 서려 구름 생성 과정을 잘 볼 수가 없습니다.)

② 연기를 피워 유리병 안에 연기를 채웁니다.(연기는 공기 중에서 수증기가 잘 엉겨 붙도록 하는 역할을 합니다.)

③ 뚜껑을 뒤집어 유리병 입구에 올리고 뚜껑 안에 얼음을 가득 담아 줍니다.

④ 아이와 함께 구름이 생성되는 과정을 눈으로 관찰해 봅니다.

구름 생성 과정

바다에서 증발하거나 여러 원인으로 지표면으로부터 상승한 물은 수증기로 공기 중에 머뭅니다. 지표면으로부터 높이 올라갈수록 공기의 압력은 낮아집니다. 태양열을 받아 따뜻해져 더욱 하늘 높이 올라간 수증기는 압력이 낮아지면서 부피가 커지고 온도가 낮아집니다. 공기 중에 수증기가 뭉쳐서 떠 있는 물방울의 형태로 있게 되는데 이것이 바로 구름입니다.

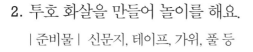

질문하고 이야기하는 체험 · 놀이 하브루타 3

제목(주제)	전래놀이 - 투호 놀이		
함께한 가족		날짜	년 월 일

1. 투호 놀이에 대한 자신의 경험담을 이야기해 보세요.

2. 투호 화살을 만들어 놀이를 해요.
    | 준비물 | 신문지, 테이프, 가위, 풀 등

3. 투호 화살을 만들어 놀이를 하고 난 후 궁금한 점에 대해 질문을 만들어요.

_____

_____

4. 새로운 투호 놀이 규칙을 만들어요.(새로 만든 규칙으로 투호 놀이를 해요.)

_____

_____

_____

5. 투호 놀이를 경험한 후에 놀이 제목을 만들어요.

내가 만든 놀이의 제목은 (   )입니다.

왜냐하면 (   ) 때문입니다.

제목(주제)	동시 - 꺼지지 않는 컴퓨터		
함께한 가족		날짜	년 월 일

1. 내 머릿속에는 어떤 생각들이 있는지 글과 그림으로 '내 머릿속 지도'를 그려 보세요.

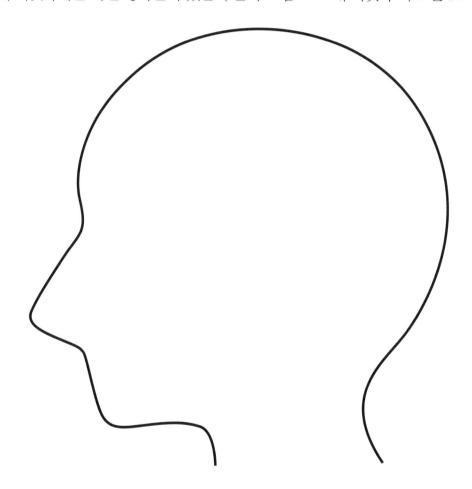

2. 동시 '꺼지지 않는 컴퓨터' 제목으로 동시 내용과 문장을 상상해 보세요.

3. 한 사람씩 감정을 담아 동시를 읽고 질문을 만들어요.

꺼지지 않는 컴퓨터

이미옥

누가 내 머리에서
컴퓨터 좀 꺼 주세요.
눈 감아도
꿈속에서도
꺼지지 않는 컴퓨터 화면
컴퓨터 화면 속 전사들은
계속 싸우고 있어요.

이젠 눈 꼭꼭 감고
잠자고 싶은데
베개 속에도
천장 위에도
온통 컴퓨터 화면이 켜져 있어요.
누가 내 머리에서
컴퓨터 좀 꺼내 주세요.

4. '꺼지지 않는 컴퓨터' 동시에서 나만의 메시지와 '미덕'을 찾아보세요.

5. '내 머릿속 지도'에서 한 주제어를 골라 나만의 동시를 지어 보세요.
   (함께 읽은 동시를 응용해도 좋습니다.)

제목(주제)	게임 하브루타 - 로블록스, 마인크래프트		
함께한 가족		날짜	년 월 일

1. '게임' 하면 떠오르는 단어와 생각으로 마인드맵을 그려 보세요.

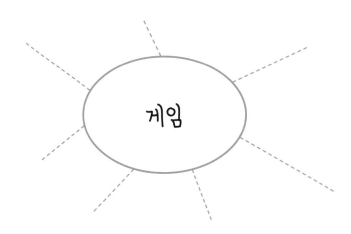

2. 게임을 한 후에 궁금한 점에 대해 스스로 질문을 만들어요.

   (질문을 만든 후 가장 마음에 드는 질문에 별표하세요.)

_____

_____

_____

_____

_____

3. 하브루타를 한 후 내가 느낀 점, 깨달은 점, 실천할 점을 적어 보세요.

느낀 점	
깨달은 점	
실천할 점	

4. 내가 추가하고 싶은 캐릭터나 아이템 등을 표현해 보세요.

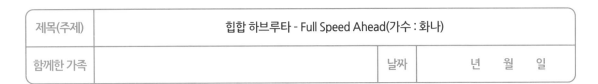

질문하고 이야기하는 이런 것도(?) 하브루타 3

제목(주제)	힙합 하브루타 - Full Speed Ahead(가수 : 화나)		
함께한 가족		날짜	년 월 일

1. 노래 가사에서 들리는 단어를 모두 적어 보세요.

2. 노래의 가사를 읽고 궁금한 점에 대해 스스로 질문해 보세요.

(질문을 만든 후 가장 마음에 드는 질문에 별표하세요.)

3. 이 노래에서 내가 찾은 메시지는 무엇인가요?

내가 생각하는 이 노래의 메시지는 ( )인 것 같습니다.

왜냐하면 ( )이기 때문입니다.

4. 나만의 메시지를 담은 랩 가사를 만들어 보세요.

제목(주제)			
함께한 가족		날짜	년 월 일

1. 그림책 표지를 꼼꼼히 살펴보며 이야기 나누어요. (질문놀이 삼총사 활용)

2. 가장 인상 깊은 장면 혹은 가장 마음에 드는 문장을 고르고 그 이유도 함께 이야기
   나누어요.

3. 궁금한 것을 스스로 질문으로 만들고 이야기 나누어요.
   (질문을 만든 후 이야기 나누고 싶은 질문에 별표하세요. 짝과 질문을 공유한 후에 마음에 드는
   짝 질문도 옮겨 적습니다.)

_____

_____

_____

_____

• 짝의 질문 :
_____

4. 그림책 하브루타를 한 후 느낀 점, 실천할 점을 써 보세요.

  • 느낀 점 :

  • 실천할 점 :

제목(주제)					
함께한 가족		날짜	년	월	일

1. 텍스트를 꼼꼼히 살펴보며 핵심 단어, 주요 등장인물 등을 메모한 후 짝에게 줄거리를 설명해요.('나만의 제목'을 만들어도 좋아요.)

2. 가장 인상 깊은 장면 혹은 가장 마음에 드는 문장과 그 이유에 대해 함께 나누어요.

3. 텍스트에 대해 궁금한 것을 스스로 질문으로 만들어요.

   (질문을 만든 후 이야기 나누고 싶은 질문에 별표하세요. 짝과 질문을 공유한 후에 마음에 드는 짝 질문도 옮겨 적습니다.)

• 짝의 질문 :

4. 하브루타를 한 후 나만의 메시지를 정리해요.

   이 이야기는 (   ) 말하는 것 같습니다.

   그렇게 생각한 이유는 책 속의 (   ) 때문입니다.

   이를 통해 나는 삶에서 (   )을 실천하기로 다짐합니다.

질문하고 이야기하는 명화 하브루타

제목(주제)			
함께한 가족		날짜	년 월 일

1. 그림을 꼼꼼히 살펴보며 떠오르는 단어, 느낌을 적고 이야기를 나누어요.

   (짝이 떠올린 단어와 느낌에 대해 그 이유를 물어보면 더 좋아요)

2. 그림에 대한 나만의 제목을 짓고, 그 이유에 대해 이야기 나누어요.

   • 나만의 제목 :

   • 왜냐하면 :

3. 그림을 감상하며 궁금한 것을 스스로 질문으로 만들어요.

   (질문을 만든 후 이야기 나누고 싶은 질문에 별표하세요.)

4. 그림에 대한 질문 중에서 '사실 확인'을 해야 하는 질문에 대한 답을 찾아보아요.

   (관련 책, 인터넷 검색 등을 활용하세요. 정답을 찾은 후 짝에게 내가 알게 된 사실을 설명해 주는

   것도 꼭 챙기세요.)

   • 내가 알게 된 사실 메모하기 :

5. 명화 하브루타 후 느낀 것, 새롭게 배우게 된 것을 써 보세요.

   • 느낀 것 :

   • 배운 것 :

60

제목(주제)			
함께한 가족		날짜	년　월　일

1. 오늘의 역사 하브루타 소재에 대해 내가 알고 있는 것을 짝과 나누어요.
   (떠오르는 단어 적기, 빙고 놀이 등도 좋아요.)

2. 역사 하브루타 텍스트를 읽고 궁금한 것을 질문으로 만들어요.
   (질문을 만든 후 사실 질문과 상상 질문을 구분하세요.)

_____

_____

_____

3. 사실 질문에 대한 답을 찾아보세요.(관련 책, 인터넷 검색 등을 활용하세요. 답을 찾은 후
   짝에게 내가 알게 된 사실을 설명해 주는 것도 꼭 챙기세요.)

   • 내가 알게 된 사실 메모하기 :

4. 역사 하브루타를 한 후 느낀 것, 새롭게 배우게 된 것, 실천할 다짐을 써 보세요.
   (배움 일기나 에세이를 써도 좋아요.)

   • 느낀 것 :

   • 배운 것 :

   • 실천할 것 :

도서명(제목, 지은이)		일시	
함께한 가족		이끎이	

느낌 나누기	표지나 제목 등을 처음 보았을 때의 느낌과 읽은 후의 전체적인 느낌 한마디(1분토크)

문장 나누기	마음에 드는 문장을 옮겨 쓰고, 그 이유(페이지 기록)

삶과 연결하기	책 내용과 비슷한 경험 혹은 가족, 친구, 사회현상(뉴스), 다른 책과 연결 짓기!

질문하기	책을 읽으면서 궁금했던 나만의 질문 3개 이상 자유롭게!

생각 나누기	토론 메모 : 하브루타 독서 토론 전체 과정에서 다른 사람들의 보석 같은 질문이나 생각 등을 메모하면 더 좋아요!

메시지와 버츄(미덕)	독서와 하브루타를 통해 책에서 찾은 메시지[느낀 점, 깨달은 점, 실천할 점, 버츄(미덕) 단어]

소감 나누기	하브루타 독서 토론 소감 나누기

도서명(제목, 지은이)		일시	
함께한 가족		이끎이	

느낌 나누기	표지나 제목 등을 처음 보았을 때의 느낌과 읽은 후의 전체적인 느낌 한마디(1분토크)

문장 나누기	마음에 드는 문장을 옮겨 쓰고, 그 이유(페이지 기록)

질문하기	책을 읽으면서 궁금했던 나만의 질문 3개 이상 자유롭게!

생각 나누기	토론 메모 : 하브루타 독서 토론 전체 과정에서 다른 사람들의 보석 같은 질문이나 생각 등을 메모하면 더 좋아요!

나의 해석 & 메시지	이 텍스트는 독자에게 말하는 것 같습니다. 왜냐하면(텍스트에서의 근거 제시) 이러한 해석을 통해 나는　　　　　　　을 실천해야겠다고 다짐합니다.

소감 나누기	하브루타 독서 토론 소감 나누기

제목(주제)			
함께한 가족		날짜	년 월 일

1. 오늘의 소재에 대해 내가 알고 있는 것, 떠오르는 것을 적고, 짝과 이야기 나누어요

2. 궁금한 것을 스스로 질문하고 이야기 나누어요.

   (질문을 만든 후 이야기 나누고 싶은 질문에 별표하세요. 짝과 질문을 공유한 후에 마음에 드는

   짝 질문도 옮겨 적습니다.)

   • 짝의 질문 :

3. 하브루타하면서 느낀 점, 새롭게 알게 된 점, 실천할 점을 메모해요.